AF708040

Suzanne Grieger-Langer

# Die Tricks der Trickser

## Immunität gegen Machenschaften, Manipulationen und Machtspiele

Junfermann Verlag • Paderborn
2012

Copyright © Junfermannsche Verlagsbuchhandlung, Paderborn 2011
2. Auflage 2012

Alle Rechte vorbehalten.

Das Werk einschließlich aller seiner Teile ist urheberrechtlich geschützt. Jede Verwendung außerhalb der engen Grenzen des Urheberrechtsgesetzes ist ohne Zustimmung des Verlages unzulässig und strafbar. Dies gilt insbesondere für Vervielfältigungen, Übersetzungen, Mikroverfilmungen und die Einspeicherung und Verarbeitung in elektronischen Systemen.

**Bibliografische Information der Deutschen Bibliothek**

Die Deutsche Bibliothek verzeichnet diese Publikation in der Deutschen Nationalbibliografie; detaillierte bibliografische Daten sind im Internet über http: // dnb.ddb.de abrufbar.

ISBN: 978-3-87387-786-3
*Dieses Buch erscheint parallel als E-Book (ISBN 978-3-87387-818-1).*

# Danke

Ich danke alle den lieben Menschen, die mich 'durchbrachten', Mut machten, den Rücken stärkten, den Weg frei räumten, zur Seite standen, guten Rat gaben, sich vor mich stellten, im Schulterschluss mit mir gingen, mich zur Seite nahmen, den rechten Schubs gaben, mit mir durchhielten, anfeuerten, zur Ruhe mahnten, für mich da waren ... und vieles mehr. Ich danke sehr!

# Persönliche Widmung

# INHALT

# EINLEITUNG

Trickser verändern die Welt — Ihre Welt. Mit Manipulationen und Manövern regulieren Trickser Nähe und Distanz, Oben und Unten, Wahrheit und Gewissheit. Der Trickser führt Sie in eine Illusion, lässt Sie glauben, die Wahrheit zu kennen, und doch ist es nur Gewissheit — der Glaube an die Wahrheit, doch nicht die Wahrheit selbst. Und im treuen Glauben an diese Gewissheit lassen Sie sich immer weiter führen, weiter und weiter fort von der Wahrheit. Erst wenn Sie aus der Illusion erwachen, sehen Sie wieder klarer. Doch das kann Jahre dauern. Für Ihre Freunde ist es, als würden Sie unter einer Käseglocke sitzen — unerreichbar für ihren guten Einfluss. Wenn Sie es dann in die Realität zurückgeschafft haben, dann ist Ihre Welt verändert, brüchig geworden, auch all das, was einst schön war.

Laut aktueller Forschung sind **93 % aller Menschen schon einmal Opfer eines Machtspieles** geworden. Bei der offiziell angegebenen Bevölkerung Deutschlands von ca. 82 Millionen Personen, **betrifft** dieses Buch allein **in Deutschland 76.260.000 Personen (in Worten sechsundsiebzig komma zwei sechs Millionen Menschen in Deutschland)**!

Damit kann Ihnen dieses Buch nichts Neues bieten — Sie kennen Trickser, aus Ihrem Privatleben, aus Ihrer Arbeitswelt. Tricks sind an der Tagesordnung. Sie sind normal — normal im Sinne von häufig, nicht im Sinne von tolerierbar. Kleine perverse Handlungen sind so alltäglich, dass sie die Regel zu sein scheinen. Es beginnt mit einem Mangel an Respekt, geht weiter über Lügen und Manipulation bis hin zur Perversion. Meist fällt es uns erst auf, wenn wir selbst persönlich und direkt betroffen sind. Doch wenn das Umfeld gegen einen Trickser keinen Widerstand leistet, steigert sich sein respektloses Verhalten fortschreitend bis hin zu unverhüllter Gewalt. Die Folgen für die Opfer sind schwerwiegend, doch da selten jemand eingreift, fühlen sie sich nicht verstanden, schweigen und leiden stumm. Und der Verderb der Opfer ist der Gedeih der Trickser. Wollen wir das?

Dieses Buch wird Ihnen die Regeln der Tricks und die Strukturen der Trickser vor Augen führen, manipulative Vorgänge veranschaulichen und realistisch aufzeigen, wie man sich aus den Fängen eines Aggressors befreit.

Dabei ist es wichtig, die **GRUNDREGEL** zu beachten: Sie müssen nicht auf jedes Machtspiel, jede Manipulation, jedes Manöver eine spezielle Antwort finden. Es geht darum, auf das System, die Strategie zu antworten. Sie gewinnen nicht mit dem Inhalt Ihrer Antwort — nicht Ihr Argument wird es bringen —, sondern mit der Strategie. So wie ein Tänzer nicht auf jeden Song mit einem eigenen Tanz antworten wird. Er hört im Rhythmus, welcher TanzStil, welcher AntwortStil, welcher StrategieStil gefragt ist, und wird dann mit den richtigen Schritten antworten. Und ebenso ist es mit Manipulationen und Machtspielen. Hier geht es nicht um pfiffige Antworten, sondern um kluge Strategien. Und damit bestehen Sie auf jedem noch so glatten Parkett.

Gleich schon in der Einleitung also eine Anleitung: **Sie gewinnen und entrinnen einem Machtspiel nicht mit einem guten Argument, sondern mit einer guten Strategie!**

Als Pädagogin und Psychotherapeutin wurde ich auf win-win sozialisiert. Als Profiler habe ich gelernt, dass mit einigen Leuten auf diese Art und Weise einfach nichts zu machen ist. Um es gleich vorwegzunehmen: Ich glaube an das Gute im Menschen! Leider sehe ich es wenig entwickelt.

BE WARNED! Achtung! Stimmungsgefährdender Inhalt! Wenn Sie in einer rosa Wattebox leben und dort auch bleiben wollen, dann klappen Sie das Buch ganz schnell wieder zu. Denn hier geht es um das echte Leben, echte ethische Degeneration und harte Kämpfe. Und der einzige Weg hinaus ist hindurch!

In diesem Buch werden Sie stufenweise zunehmender Gewalt begegnen, von der emotionalen Manipulation bis zur seelischen Mutilation. Sollten Sie beim Lesen bemerken, dass ...

- es Ihnen zu viel wird, dann klappen Sie das Buch einfach wieder zu und legen es beiseite, bis zu dem Zeitpunkt, an dem Sie das Gefühl haben, nun ist es wieder Zeit geworden, sich einer weiteren Erkenntnis zu stellen.
- Ihnen schwindelt, werden Sie wohl langsam beginnen zu ahnen, wie lange Sie schon beschwindelt wurden.
- Sie Magenschmerzen bekommen, dann empfehle ich Ihnen, Ihre Wut zur Selbstabgrenzung zu nutzen statt zur Selbstverletzung.
- Sie Atemnot bekommen, dann holen Sie erst einmal richtig tief Luft und sprengen Sie das Korsett der Erwartungen, in das Sie eingeschnürt wurden.
- Ihnen der Kreislauf wegsackt, dann nehmen Sie sich immer mal wieder eine Pause beim Lesen, denn Ihnen sackt die rosa Brille weg, mit der man Sie gefügig gehalten hat.
- Ihnen speiübel wird, empfehle ich Ihnen, mit Ihren Freunden über Ihre Erfahrungen und Gedanken zu sprechen, das ist die produktivste Art, sich 'auszukotzen'.
- Sie schier 'paranoid' werden, dann üben Sie im Kapitel **FAIR PLAY** mit den Entschärfungs- und Lösungstechniken die Spreu vom Weizen, den Trickser vom netten Menschen, zu trennen.
- Sie emotional gar nicht reagieren, dann klappen Sie dieses Buch zu und werfen Sie es weg, ich möchte Sie keine weiteren Tricks lehren, mit denen Sie andere über den Tisch ziehen.

Willkommen zu einer Reise durch die Untiefen der Psyche, zu den Unfairen im Kontakt und den Unverbesserlichen in Beziehungen. Ich bin Ihr Scout, um Sie sicher hinauszubegleiten, hinaus zu denen, die gern fair spielen.

# Trickser

Der Trickser an sich und als solches, wer und was ist das eigentlich? Sind das einfach nur dumme Jungs oder tatsächlich böse Buben?

Trickser kommen in der freien Wildbahn als Einzelperson vor als auch in der Gattung Gesamtsystem (von angesehener Firma über merkwürdige Sekte bis zum totalitären Staat). Der Einfachheit und Lesbarkeit halber nennen wir alle 'den Trickser', wobei wir uns im Klaren darüber sind, dass sich Damen und Herren in nichts nachstehen.

Unter den Tricksern gibt es selbstredend verschiedene Kompetenzstufen und Herangehensweisen. Nicht jeder Trickser ist ein MeisterManipulator.

- Der echte **Profi**, der BerufsTrickser, wird sich nicht als das Raubtier präsentieren, das er ist, sondern als harmloser FluchttierFlüsterer: Er wird Sie behandeln wie ein Fluchttier und wie ein Pferdeflüsterer mit dem Join-Up arbeiten.
- Der **Amateur** wird wohl eher trampelig vorgehen und Ihnen unbedingt beweisen wollen, dass er ein Beutejäger, also ein Raubtier ist. Anstatt sich auf sanften Sohlen anzuschleichen, wird er laut (verbal wie nonverbal) brüllend auf sich aufmerksam machen, nach dem narzisstischen Motto: „Siehst du mich? Siehst du mich wirklich?" Dieser Typ ist mehr damit beschäftigt, sich als Beutejäger zu präsentieren, als echte Beute zu machen.
  Schade, es hätte so spannend sein können zu beobachten, ob und wie er sich durchzusetzen versteht. So aber schlägt er ein paar Köpfe ein oder ab, um sich vermeintlichen Respekt zu verschaffen.
  Meine persönliche Bemerkung: Punktabzug für den Grobmotoriker!

Mit Manipulationen reguliert der Trickser Nähe und Distanz, Oben und Unten, Wahrheit und Gewissheit.

Trickser lieben
1. Menschen mit Macht
2. Menschen mit Status
3. Menschen an Informationsknotenpunkten

in exakt dieser Reihenfolge.

### Join-Up

Voraussetzung für den Join-Up ist eine besondere Fähigkeit, Verhalten und Körpersprache zu verstehen. Dazu braucht es besondere Beobachtungsgabe und sehr gutes Einfühlungsvermögen.

Mittels Gesten und subtilen Andeutungen wird die eigentliche Kommunikation stattfinden. Die (wie eine Decke) darüber liegende offene verbale Kommunikation dient lediglich zur Kaschierung des Subtextes. Dieser Subtext (die eigentliche Kommunikation) geschieht für den Gesprächspartner außerhalb seiner bewussten Wahrnehmung, auch bei angeblichen Kommunikationsprofis — jeder findet irgendwann seinen Meister.
So wie es ein Pferdeflüsterer mit einem 'schwierigen' Pferd macht, wird der Trickser darauf abzielen, Ängste zu nehmen, den Trickser als 'Leittier' anzuerkennen, (für den Trickser) unerwünschtes Verhalten zu beseitigen und erwünschtes zu schaffen, ohne dass der Ge-

## Typen

Trickser sind vielschichtige Persönlichkeiten. Leider sind die meisten Schichten sehr unangenehm. Nicht selten ist allein die äußerste Schicht die anziehende und angenehme, danach ist alles — wie bei einer Zwiebel — eher zum Weinen.

Das wichtigste Unterscheidungskriterium für Opfer besteht darin, ob der Trickser emotional oder nicht emotional geleitet ist. Denn die kaltblütigen 'Schachspieler' unter den Tricksern sind die wahrhaft gefährlichen.

### Eine Kategorisierung

#### Der Naive

... ist gern gesehener Gast eines professionellen Tricksers. Der Naivling lässt sich mit seiner rosa Sicht der Welt und in GutmenschAllure bestmöglich für die eigenen Zwecke einspannen. Er ist der Wasserträger des Meistermanipulators.

Wie kann das sein? Nun, eigentlich hat dieser TrickserTyp nichts mit Tricks und Manipulationen im Sinn. Um genau zu sein, kommt es ihm auch gar nicht in den Sinn, dass andere dies haben könnten. Und genau das ist seine Schwäche: die Unerfahrenheit, der GutmenschGlaube, die Naivität.

Natürlich ist dieser Typ nicht der eigentliche Trickser. Da er sich aber so bereitwillig einspannen lässt, bildet er den verlängerten Arm des professionellen Manipulators. Auch wenn er selbst nie über den Amateurstatus hinaus kommt, so er wird doch gut geführt und ist damit brandgefährlich. Er ist Strohmann und 'Schutzwall' des eigentlichen Tricksers, was es für ihn selbst am gefährlichsten macht, denn wenn etwas schiefläuft — und das wird es —, wird man ihn packen und für die Dinge haften lassen, die er nur ausführte, aber nie plante oder gar beabsichtigte.

Da er sich so gar nicht vorstellen kann, dass andere Menschen es nicht gut mit ihm oder anderen meinen, ist er — wenn er es überhaupt bemerkt — erstaunt über Machtspiele. Denn obschon er selbst so anfällig dafür ist, manipuliert zu werden, will er dies nicht wahrhaben. Solche unangenehmen Wahrheiten blendet er lieber aus. So kann er in seinem rosa Bezugsrahmen weiterleben. Es ist auch möglich, dass er seine eigenen Machtgelüste nicht wahr haben will und ebenfalls leugnet. Dann blendet

sprächspartner dies realisiert. All das geschieht scheinbar gewaltfrei. Der Trickser signalisiert durch Augenkontakt, Mimik, Gesten und subtile Andeutungen: „Ich bin einverstanden, wenn du dich gegen mich entscheidest. Geh ruhig. Geh weg, nicht nur ein bisschen, geh ganz." So wird der Gesprächspartner vor die Wahl gestellt, recht früh „Nein" zu sagen, bevor er den anderen tatsächlich kennen gelernt hat. Dieses „Nein" ist vollkommen und beinhaltet keine zweite Chance. Und genau da hakt die Neugierde ein, und dummerweise auch unsere gute Erziehung. Wer weist schon jemandem die Tür, der sich noch gar nicht daneben benommen hat? Und wie kann jemand so selbstsicher sein? Ist da nicht vielleicht etwas ganz Besonderes an dem dran?

Das will der Gesprächspartner näher ergründen: Er kreist den Trickser fragend immer näher ein und glaubt das Gespräch, die Situation zu steuern. Doch er sucht den Kontakt. Er will herankommen. Er wird aktiv. Und der Trickser verändert seine Taktik: Er dreht leicht ab, signalisiert, dass Beziehung möglich ist, wenn man sich an seine Spielregeln hält (sich also unterwirft). Dies alles geschieht subtil in homöopathischer Dosierung. Bleibt der Gesprächspartner weiter dran, geht er auf den Trickser weiter zu, akzeptiert er ihn als Alpha und fügt sich seinen Bedingungen. Und der Trickser belohnt mit Zuwendung.

Das ist der Moment des Join-Up — die Symbiose hat geklickt, die emotionalen Fesseln sind eingerastet!

Das ist ein Mann, der ohne Drehbuch kaum in der Lage ist, einen ordentlichen Satz zu sprechen, den dann aber irrsinnig ernst meint.

(Nordhausen & v. Billerbeck, 2008)

er in Gutmenschmanier relevante Teile der Realität aus und kommt dem Typus der 'Mamas und Papas' sehr nahe.

Grundsätzlich ist der Naive eher angepasst und erkennt dabei auch wenig bis gar nicht die eigene Verantwortung für sein Tun. Damit ist er besonders anfällig für systematische Manipulation, auch und im Besonderen für Sekten!

### Der Stier

Ein Hitzkopf, wie er im Buche steht. Manipulationen sind nicht geplant. Doch die Wucht dieses Charakters und der feste Wille, mit dem Kopf durch jeden Widerstand zu gehen, lassen ihn recht einschüchternd erscheinen. Gleichwohl ist er eher nervig als gefährlich.

Solange Sie (im Gegensatz zu ihm) die Nerven behalten, sollte Ihnen nicht allzu viel passieren. Zwei Dinge sind dabei wichtig zu beherzigen:

1. nicht reizen, sonst nimmt er Sie ins Visier, und
2. prüfen, ob er nicht längst von einem Meistermanipulator in eben dieser so charakteristischen Hitzköpfigkeit benutzt wird. Denn der Stier ist zum einen ein prima Ablenkungsmanöver, und zum anderen setzt der Meistermanipulator ihn gern als Bulldozer gegen seine Feinde ein.

Sofern Sie aber weder auf der schwarzen Liste des Stiers, noch des Meistermanipulators stehen, können Sie den Stier gut aushebeln. Wie? Beobachten Sie einen Torero in der Arena, dann wissen Sie, wie es geht. Analysieren Sie: Was ist sein 'rotes Tuch'? Bei welchem Thema regt er sich auf? Legen Sie sich dieses 'rote Tuch' für den Einsatz (verbal) griffbereit zurecht. Und falls er Ihnen zu nahe kommt, wedeln Sie damit, um ihn mit elegantem Tuch- und Hüftschwung von sich wegzulotsen. Erfreulicherweise fährt sich der Stier dann ganz von allein mit 180 Sachen vor die Wand. Sie geben lediglich darauf Acht, dass Sie in solchen Momenten nicht zwischen Stier und Wand stehen. Und das ist auch die ganze Kunst: Nerven behalten, wach bleiben, das rote Tuch griffbereit halten und den Trickser ins Leere laufen lassen. Olé!

Der Stier ist ein instinktiver Machtspieler, dabei eher in den lauten als in den leisen Tönen, mehr in den groben, denn in den feinen Manipulationen zu Hause. Auch wenn er meint subtil vorzugehen, erkennen alle im Umfeld, was er da treibt — einzige Ausnahme: der Naive, aber der merkt ja ohnehin nicht viel.

Mit Einschüchterung und Kontrolle zu arbeiten ist für ihn selbstverständlich und ihm schon fast 'ins Blut' übergegangen. Freundlicherweise rennt er sich fest und bleibt auf die lange Strecke gesehen (im Sinne der Nachhaltigkeit) wenig erfolgreich. Er ist spontan und unbeherrscht und damit ebenfalls hervorragend manipulierbar für den Meistermanipulator. Wie auch der Naive merkt er es nicht, oder aber er merkt es und regt sich so auf, dass er schon wieder wutschnaubend durch die Decke geht. Dieser Kandidat verdient nicht unsere Angst, sondern unser Wohlwollen — das lässt ihn auch ruhiger werden.

### Der Unterdrücker

Noch so ein wütender Kandidat. Doch seine Wut ist kälter, er kann sie besser steuern. Damit ist er weitaus gefährlicher als der hitzköpfige Stier.

Hier gibt es eine klare Devise: nicht mitmachen. Verlassen Sie die Arena, denn hier herrschen Terror und Gewalt.

Der Unterdrücker hat in seiner Biografie schon früh gelernt, dass eine feste Behauptung mehr ist als ein wackeliger Beweis und dass der, der auf den Tisch haut, auch recht bekommt. Er macht Angst. Doch er ist nur so lange erfolgreich, solange die anderen mitmachen.

**Tipp** Schauen Sie ihm direkt in die Augen, und dann kommt ganz erstaunt (wie es der Naive täte) das loriotsche „Ach!?!“. Weiter den Blickkontakt halten und erwartend schauen. Probieren Sie es aus — es klappt. Und es ist ein großer Spaß zu sehen, wie dieser Explodierer auf einmal implodieren muss, weil ihm nichts anderes mehr einfällt. Erfahrungsgemäß werden Sie feststellen, dass der Unterdrücker Sie nun nicht umbringen oder zermalmen möchte, sondern eher umarmen. Denn endlich hat er einen Sparringpartner gefunden, einen auf Augenhöhe. Er hat zwar eine etwas merkwürdige Beziehungsgestaltung, aber naja, jeder Jeck ist anders. Ein Unterdrücker versucht jeden zu unterdrücken, das scheint seine Natur zu sein. Und er wird nur die Personen respektieren, die ihm gelassen standhalten. Nun wissen Sie, wie Sie es mit ihm zu halten haben: Augen auf und durch! Bloß nicht einschüchtern lassen, auf Fragen möglichst verzichten — die wertet er als Schwäche und Unsicherheit (Teamarbeit versteht er ja nicht) — und grade bleiben.

### Die Mamas und Papas

Nanu, die sehen doch auf den ersten Blick ganz nett und niedlich aus. Genau — auf den ersten Blick. Wer aber in ihrem liebenden Krakengriff gefangen ist, hat wenig zu lachen — außer mit Mutti (wahlweise Papi).

Dieser Machtspieler ist ein Manipulator, der mit Hilfsangeboten einen 'Deal' einfädelt, um später unter Zuhilfenahme Ihrer Schuldgefühle abzukassieren. Dieser Typ weiß, was gut für Sie, den | die | das andere und überhaupt die ganze Welt ist. In dieser Rolle gefällt er sich.

Wir nehmen ihn im Kapitel **Manipulation** als Drama-Retter noch einmal genauer unter die Lupe.

**Deine Liebe klebt**

Liebe ist übertrieben
da ist rein gar nichts mehr
nichts übriggeblieben
nur noch öder Kreisverkehr
Du hast für alles Verständnis
der Kern des Menschen ist gut

Mein Kern ist der allerbeste
es ist so sinnlos, auch die Wut

Deine Freundlichkeit macht mich fertig
meine Nerven geben auf
saugt mir die Kraft aus den Adern
setzt mit „ich weiß“ noch einen drauf

Am Anfang hielt ich‘s für Wärme
faszinierende Menschlichkeit
Heute weiß ich, dass Du feige bist
nie zum Kampf bereit

Glitschst wie Glibber durch die Finger
stellst Dich keinem Streit
hast immer nur meine Meinung
Keine Gegenwehr weit und breit

Bist wie‘n schlapper Sandsack
der mit jedem Schlag mitgeht
Ich spucke, beiße, trete
vergeblich, Du bist zu zäh

Deine Liebe klebt
Du gehst mir auf den Geist
Worte wie Watte
in Harmonie eingeschweißt
Du bist 'ne Tortur
so voller Gefühl
Zucker in meinem Tank
Du bist mir zuviel
Du kannst halt Milde nur, und sonst gar nichts

(Grönemeyer, 2008)

Zu Ihrer Erstversorgung sei gesagt:
Handeln Sie strikt nach dem Endverbrauchergesetz! Solange man Ihnen bei Kauf (Einlassen auf das Hilfsangebot) nicht die Geschäftsbedingungen (den versteckten Vertrag für die spätere Einforderung interessanter Was-auch-immer-Rückzahlungen) transparent gemacht, erläutert und zur Unterschrift vorgelegt hat, bedeutet das, dass Sie nichts müssen: nichts und wieder nichts!

## Die Machiavellisten

Diese Trickser verdienen ihren Namen mit ihrem Glauben an ein Werk des Fürsten Niccolò Machiavelli. Sein Name wird heute mit rücksichtsloser Machtpolitik unter Ausnutzung aller Mittel verbunden: Raffiniert, aber ohne ethische Einflüsse, ist das Ziel einzig und allein das eigene Wohl, die eigene Macht. Was die Generation der Machiavellisten von heute nicht bedenkt: Niccolò Machiavelli schrieb sein Werk 'Il Principe‘ in nachvollziehbarem Frust, nachdem er Folter überlebt, den Verlust all seiner Ämter und die Verbannung auf seinen Wohnsitz zu beklagen hatte. Sein Werk kündet also weniger von nachhaltiger Sicht und Weisheit, als von schnöder Retaliation gegen die Medici. Und doch machen sich viele JungKarrieristen seine Ideen zunutze und von ihnen Gebrauch, um ihre besondere Sorte des Wahnsinns zu rationalisieren.

Damit Sie ebenfalls auf dem Laufenden sind, hier ein kurzer Abriss seiner Schrift: Der Fürst (il principe) ist kein unmoralisches, sondern ein 'transmoralisches‘ Wesen, das sich im puren Streben nach Macht an jede Situation anpasst. Machiavellis Ratschläge für künftige 'Principe‘ sind nicht auf ein wünschbares ethisches Ideal ausgerichtet, sondern auf die reine Tauglichkeit für die Praxis. Das beinhaltet, dass bei Bedrohung moralische Bedenken keine Rolle spielen sollen, im Gegenteil sei man geradezu gezwungen, unmoralisch zu handeln. Zum Zwecke der Selbstbehauptung erteilt er seinen Lesern die Absolution: Es ist jedes Mittel erlaubt.

Diese Trickser mischen sich unter das Gros der Karriereristen, die auf ihre Aufstiegschancen keine großen Skrupel kommen lassen. Für SemiMachiavellisten sind Ethik und Moral dagegen schon okay, solange sie nicht mit ihren darwinistischen Karriereverläufen kollidieren. Diese Trickser wissen, was sie tun, und finden das im Haifischbecken der Konkurrenz für sich auch so in Ordnung. Gern lassen sie sich in Manipulationstechniken schulen. Das Einzige, was sie stört, ist **a)** dass andere diese Techniken auch beherrschen und **b)** rudimentäre Reste ihres schlechten Gewissens, die ihnen die Lust an der Manipulation trüben.

Sie sind von der Vorteilen der Manipulation überzeugt und üben sich beständig auf dem Weg zur Profiliga. Sie beschäftigen sich mit allerhand psychologischer Ratgeberliteratur, buchen eine ganze Reihe 'Beeinflussungsseminare' und ... bleiben lustigerweise doch noch so naiv, einen wesentlichen Aspekt der Realität auszublenden:

Der große Witz für den Außenstehenden ist, dass Machiavellisten zur Optimierung ihrer Manipulationstechniken natürlich von Machiavellisten geschult werden. Doch was ist deren Ziel? Ebenfalls nur die Macht. Doch wenn jemand selbst in machiavellistischer Weise Macht will, wird er dann andere weiter befähigen? Natürlich nicht. Well, what comes around, goes around.

### Der MeisterManipulator

Jetzt wird es richtig ernst. Diese Trickser sind gefährlich — nicht nur ein bisschen, sondern sehr! Hauptmerkmal ist ihre Ausstrahlung, ein Charisma, das den Trickser reizvoll und interessant macht. Das ist nur logisch. Es ist die Kombination, das Wechselspiel: von totaler Nähe zu großer Distanz. Jemand, den man nicht einfangen kann. Ein gekonnter Trickser lässt großen Interpretationsspielraum, den die eher Naiven unter uns mit ihren Träumen füllen. Und kein Betrug ist effektiver als der Selbstbetrug.

Achtung Was hier wie Charisma, wie etwas Besonderes aussieht, ist nur besonders, weil pathologisch — es ist das große Vakuum, von dem sich der normale Mensch Substanz verspricht. Man geht einfach davon aus, dass da etwas besonders Spannendes versteckt sein muss, denn man kann schlicht nicht glauben, dass da so wenig ist. Alles andere, die tatsächliche Leere, der Mangel an Substanz, das kann man sich nicht vorstellen. Es sei denn, man ist einem solchen Trickser schon einmal auf die Schliche gekommen — hat unverfälscht in diese fremde Welt geblickt und sich hoffentlich schnell wieder zurück gezogen, bevor einen das schwarze Loch einsaugt und qualvoll verdaut.

Diese Trickser profitieren von der gekonnt inszenierten Fassade. Ihre vielleicht beeindruckendste Gabe ist die Fähigkeit, die völlige Leere ihres Herzens vor fast jedermann zu verbergen und das passive Schweigen der wenigen zu erzwingen, die davon wissen.

Diese Trickser sind fundamental anders, so anders, als wären sie von einem anderen Stern. Und da wir sie tatsächlich nicht begreifen (können), fehlinterpretieren wir konstant zu ihren Gunsten. Es sind Personen, die zwar frei herumlaufen, doch durchaus interessante psychiatrische Diagnosen erhielten. Es ist die Rede von Narzissten, Soziopathen und Psychopathen — dem ganzen Schreckenskabinett der Menschheit (und Menschlichkeit).

Diese Trickser sind fundamental anders, weil sie sich emotional auf nichts einlassen werden. Sie sind die Schachspieler unter den Tricksern. Natürlich haben Sie früh gelernt, wie effektiv es ist, Gefühle vorzutäuschen. Aber hinter der Maske der Menschlichkeit interessieren sie sich nicht für das Leid anderer. Ein solcher Trickser verfügt typischerweise über eine Historie nicht aktenkundiger 'Verhaltensauffälligkeiten' — auch aus der frühen Kindheit. Geschichten, die nie ans Tageslicht kommen. Diese Trickser leben für die Macht, den Status, die Kontrolle und kosten es aus, zu siegen. Menschen aus Eis. Erbarmungslos und doch an der Oberfläche der netteste Mensch auf der Welt!?! Ein pathologischer Trickser hat sein ganzes Leben damit zugebracht, das Spiel besser zu beherrschen — zu gerissen, dies auch auszusprechen, hält er doch den Rest der Menschheit für Nutzvieh, für naiv und dumm, weil er nicht so spielt wie er.

Diese Trickser sind fundamental anders. Diese wenigen sind sowohl gefährlich als auch verblüffend schwierig zu erkennen. Hinterlistig und manipulativ navigieren sie gekonnt unter justiziablem Niveau. Sie sind die vollbewussten Manipulatoren, die nur von der Durchsetzung der eigenen Interessen geleitet sind. Sie manipulieren leidenschaftslos, besonnen, freundlich und eloquent. Sie sind gelassen, in Sachen Tricksen unauffällig und gehören zur machtvollen Minderheit der Erfolgreichen.

Diese Trickser sind fundamental anders. Da ihnen emotionale Bindungen fehlen, reduziert sich ihr Leben auf einen Wettstreit. Andere Menschen sind für sie Spielfiguren, die man herumschiebt, als Deckung benutzt oder aus dem Spiel wirft.

Diese Trickser sind fundamental anders. Sie sind gewissenlos. Doch brutale Morde sind keineswegs die wahrscheinliche Folge von Gewissenlosigkeit. Nein, es geht um das Spiel. Der Gewinn rangiert dabei auf einer Skala zwischen Weltherrschaft und einem kostenlosen Mittagessen, aber das Spiel ist immer dasselbe: Panik auslösen, beherrschen, gewinnen!

Er ist der kaltblütige Typ, der ohne Not, aber mit Bedacht strategisch plant und pragmatisch umsetzt. Und auch wenn er sich an der Oberfläche emotional anbietet, so ist dies nicht sein Herz, sondern sein Spiel, das er mit Ihnen treibt. Er manipuliert Sie. Wie ein Marionettenspieler zieht er an den Fäden Ihrer Ängste und Tugenden.

**Tipp** Achten Sie darauf, wie dieser Trickser kommuniziert. Typischerweise fordert er vom Umfeld immer das ein, was er selbst nicht liefert: Respekt, Fairness ...

**Achtung** Psychologische Manipulation funktioniert mit diesen Tricksern nicht. Sie sind emotional nicht empfänglich. Also: Verzichten Sie auf Ihre Jeditricks und handeln Sie klar und konsequent mit aller juristischen Härte, die die Situation Ihnen lässt.

## TATEN

Ja, was machen sie denn? Wollte man alle Trickser über einen Kamm scheren, könnte man sagen, dass sie — grob gesehen — in drei pragmatischen Schritten arbeiten:

1. Abchecken
2. Ausnutzen
3. Abhauen

### ABCHECKEN

In dieser ersten Phase der Beziehung mit einem Trickser sind Sie noch gar nicht in Beziehung — na und der Trickser wird es ja ohnehin nie wirklich sein — auch wenn er Sie bisweilen glauben lässt, dass das so wäre.

In der Phase des Abcheckens klärt der Trickser Ihren Nutzwert für ihn. Er prüft seine Chancen und Manipulationsmöglichkeiten. Er fragt sich schlicht:

- Was habe ich von dir?
- Und wie kann ich dich für meine Interessen einspannen?

Besonders der MeisterManipulator ist ein wandelndes Echolot. Einer Fledermaus gleich, ist er mit einem psychischen Ultraschall versehen, zwar blind für echte Gefühle, aber doch sehend für Ihre Anfälligkeiten und Ihre psychische Architektur.

Trickser werden (wie auch professionelle Verhandlungsführer) im Kontakt ständig neue Reize senden. Mit einer wichtigen Absicht: Ihr Wertesystem, Ihre Schwachstellen und Ihr Selbstbild zu erforschen. Bitte denken Sie dabei nicht nur an Personen, die laut rumschreien oder plump beleidigen, um zu prüfen, wie Sie reagieren. Viel gefährlicher sind Gegenüber, die immer nett und höflich auftreten. Diese Trickser senden Reize unsichtbar. Zwischen den Zeilen fahren sie viele versteckte Angriffe. Läuft eine Angriffswelle ins Leere (Sie reagieren also nicht), startet der Trickser sofort die nächste Abtastsequenz. Dabei achtet der Trickser nicht wie in manch platter psychologischer Ratgeberliteratur auf Momentaufnahmen, sondern auf den Prozess der Körpersprache, also die Veränderungen in Ihrer Körpersprache während eines Gesprächs. Wie reagieren Sie, wenn er ein neues Argument einbringt? Eher zustimmend oder eher ablehnend? Wie reagieren Sie, wenn er etwas fordert oder Ihnen eine subtile Grenze setzt?

Die volle Konzentration des Tricksers liegt auf Ihrer Körpersprache, Ihrer Stimmmodulation, Ihrer Ausstrahlung, wenn Sie argumentieren und auch wenn er argumentiert. Er achtet auf jede Veränderung, denn jedes Verhalten sagt etwas über Sie aus.

### Ausnutzen

In dieser zweiten Phase, der Hauptphase, werden Sie zuerst emotional angefixt. Sie werden so neugierig gemacht und so mit Nettigkeiten eingedeckt, dass Sie sich in diesen Trickser geradezu verlieben. So, wie eine Mücke beim Stich betäubt, betäubt der Trickser Ihre Wachsamkeit und Ihren gesunden Menschenverstand mit Liebenswürdigkeiten. Sobald Sie nicht mehr Sie selbst sind, erfolgt sein Zugriff. Sie werden destabilisiert, um ihn (den Schmarotzer) gewähren zu lassen.

All die vielen Möglichkeiten der Manipulation werden wir uns im Folgenden genauer anschauen. Denn oft glauben wir, dass nur dumme oder unaufmerksame Personen von Tricksern ausgenutzt werden. Dies ist ein Trugschluss. Denn ein Trickser profitiert von einem klugen und potenten Opfer ja weitaus mehr. Im Nachhinein wundert man sich: „Wie konnte mir das denn nur passieren? Wie konnte ich denn nur so auf den Typ hereinfallen?“ Spätestens am Ende dieses Buches sollte es Ihnen klar sein.

In der Phase des Ausnutzens wird der Trickser so viel aus Ihnen herausholen, wie es ihm möglich ist (sprich: Sie es ihm ermöglichen): Zeit, Geld, Wissen, Karriere, Status ... Die Liste ist unendlich.

### Abhauen

So mancher Trickser ist eine wahre 'Zitronenpresse‘. Er schlägt die Gefühlssaite an, nutzt die Menschen im Umfeld aus, indem er immer mehr Hilfe und Unterstützung verlangt und vieles vorgaukelt. Wenn der ausgelaugte Retter nicht mehr 'rentabel‘ genug ist, entledigt der Trickser sich seiner ohne die geringste Gemütsbewegung. Er wird Sie fallen lassen wie eine heiße Kartoffel. Oft wird den Opfern von Tricksern erst jetzt klar, was wirklich geschah.

## Tatmotive

Und warum? — Nur für den Kick, für den Augenblick!

1. **Usus**
   Das Tricksen aus Gewohnheit. Der Trickser kann und kennt es nicht anders. Vielleicht ist er selbst in so 'verrückten‘ Verhältnissen aufgewachsen. Der Glaube mancher Opfer, den Trickser mit viel Liebe ändern zu können, ist kompletter Unfug. Vorsicht, Sie wollen doch nicht zum Typ der Naiven gehören. Das Handeln aus Gewohnheit bedeutet, dass etwas durch Wieder- , Wieder-, Wieder-, Wieder-, Wieder-, Wieder- und Wiederholung so ins Blut übergegangen ist,

dass es einem Automatismus gleicht. Hier eine Verhaltensveränderung herbeizuführen ist eine therapeutische Aufgabe, keine Beziehungsaufgabe. Und selbst die therapeutische Intervention setzt **a)** Bewusstheit und **b)** Veränderungswillen voraus — echten Veränderungswillen, keine Lippenbekenntnisse. Oft genug handelt es sich hier um eingefahrenes, mehr oder weniger gedankenloses (re-)agieren. Die Wahrscheinlichkeit, dass sich jemand Ihnen zuliebe oder zugunsten eines Arbeitsverhältnisses tatsächlich ändert, ist gering. Typischerweise nivelliert sich der Veränderungs- oder Anpassungswille proportional zur Reduzierung der Verlustgefahr. Sprich, sobald Sie nicht mehr überzeugt sind zu gehen, wenn der Partner sich nicht ändert, ist ihm der Aufwand der Veränderung wieder größer als die Angst, Sie zu verlieren. Oft genug wandert das unerwünschte Verhalten einfach nur in den Untergrund. Es wird eben nicht mehr offen gezeigt, wird subtiler ausgeführt, unter dem Deckmäntelchen der Anpassung.

**Achtung** Oft werde ich gefragt, ob jemand das vielleicht unbewusst macht. Hierzu folgende ernüchternde Antwort: Einigen wir uns auf vorbewusst — wenn man den Betreffenden in einer ruhigen Minute mal darauf anspricht, dann weiß er schon, was er da tut und treibt. Doch gern legt er seine Scheuklappen nach dieser hellen Minute wieder an, um in weiteren dunklen Stunden auf den 'einfachen' Zug zu springen. Einfacher? Ja! Es ist das, was er kennt. Es ist das, was er kann. Es ist das, was funktioniert! Warum sich die Mühe machen und einen anderen (womöglich komplizierteren) Weg ausprobieren? Wozu der Aufwand, wenn es doch so gut funktioniert?! Und es funktioniert — so lange die anderen mitmachen und | oder es geschehen lassen. Und dies ist die erste Regel im Kampf gegen Manipulationen und Machenschaften: Solange jemand damit durchkommt, wird er nichts — aber auch wirklich nichts — auf Dauer ändern. Hören Sie also nicht auf das, was man Ihnen an Besserung verspricht. Das ist nur LipService. Bewerten Sie nur das, was jemand tatsächlich tut.
Noch mal zum Merken: Es ist nicht relevant, was jemand beteuert, es ist nur relevant, was derjenige tut. An seinen Taten müssen Sie ihn messen!

### 2. Retaliation

Die sprichwörtliche Retourkutsche, bei der sich jemand für (gefühltes) Unrecht rächt. Eine emotional motivierte Selbstjustiz, die selten für Ausgewogenheit steht. Dieser aggressive Trickser ist eigentlich die Alarmglocke für massive Versäumnisse in der Vergangenheit. Versäumte, verdrängte, vernachlässigte Probleme kommen nun als Bumerang zurück. Der Trickser ist überzeugt oder schafft es, sich selbst zu überzeugen, dass ihm Unrecht widerfahren ist, man ihm übel mitgespielt hat (ob dies nun Fakt oder Fiktion ist), und nimmt seine Version der Gerechtigkeit nun selbst in die Hand.

**Vorsicht** Gern verleitet der Trickser Sie dazu, ihm Beihilfe zu leisten, damit er eine offene Rechnung begleichen oder sich an jemandem rächen kann. Besonders verlockend scheint das für die Beihelfer zu sein, wenn er Sie davon überzeugen kann, dass man Sie (beide) ganz bestimmt nicht erwischen wird. Und dass der Böse nur das bekäme, was er verdient hat. Die allseits beliebte Floskel lautet: „Da kann überhaupt nichts passieren."

Der Trickser versucht hier ganz dreist, sich Ihre Rachegelüste dienstbar zu machen, die Sie bislang unter der Zensur der Zivilisation zurückhalten konnten.

Selbst wenn Ihnen dabei tatsächlich nichts passieren würde. Selbst wenn Sie dabei einen wirklich Bösen strafen würden. Sie stehen nun in der Schuld des Tricksers. Wie? Müsste er nicht in Ihrer Schuld stehen? Nicht nach seinen moralischen Regeln. Im Gegenteil wird er Sie nun damit erpressen können. Seien Sie sicher: Sie werden irgendwann dafür bezahlen.

**Tipp** Stellen Sie sich Ihren internen Problemen, sonst stellen Ihre Probleme Sie!

„Wenn die sagen: „Kein Grund zur Panik!“, genau dann muss man abhauen!“

John Cusack als Jackson Curtis
2012 (Emmerich, 2009)

### 3. MINIMA MORALIS

„Gelegenheit macht Diebe“, sagt der Volksmund. Es ist das Tricksen, der Betrug aus Gelegenheit. Der Trickser behauptet durch die Gelegenheit verführt worden zu sein. Hier haben wir eine von zwei Seiten angelegte Problematik: Aufseiten des Tricksers mangelt es an ausreichend intervenierendem schlechtem Gewissen, es fehlt an Unrechtsbewusstsein, und aufseiten des Opfers mangelt es an Kontrolle der Situation und Selbstschutz gegenüber dieser besonders verantwortungslosen Spezies von Tricksern.

Es gilt, sich selbst und sein Umfeld vor Tricksern mit minima moralis zu schützen.

**Achtung** Sie müssen den Trickser nicht vor sich selbst schützen. Sie müssen endlich anfangen, ihn nicht mehr vor den Konsequenzen seines Handelns bewahren zu wollen. Wie in keinem anderen Falle ist hier Konsequenz gefordert!

### 4. DOLUS DIRECTUS

Das Tricksen, Manipulieren und Ausnutzen aus Vorsatz. Hier wird ohne Not und mit Bedacht wie bei einem Schachspiel strategisch geplant und pragmatisch ausgeführt – in Gedanken immer ein paar Züge voraus. Dieser kaltblütigen Schachspieler stellen die unberechenbarste und zugleich größte Gefahr für die Opfer dar. Dies sind in erster Linie die hochmobilen Trickser und Psychopathen, Narzissten und Machiavellisten kämpfen um die ersten Plätze in dieser Liga.

Es ist (überlebens-)wichtig, sich selbst und sein Umfeld vor diesen Tricksern zu schützen.

Und trotzdem: Warum? Warum? Warum? Warum?

Das fragen sich alle Opfer, doch es bringt die Opfer nicht weiter – nur die Täter.

Warum machen die das? Ganz einfach, weil sie es können, weil es ihnen etwas bringt (viele Vorteile) und weil sie fast ausschließlich mit sich selbst beschäftigt sind und nicht mit Ihnen und dem Schaden, den allein Sie davontragen.

Warum? Dies ist die Frage, die Sie und alle anderen Opfer von Tricksern umtreibt. Und zugleich bringt dieses nagende „Warum nur?“ typischerweise nicht die Opfer weiter, sondern die Täter! Wie bitte? Ja, Sie haben das richtig gelesen. Solange die Opfer versuchen, einen Sinn im Handeln der Täter zu finden, dort zu finden, wo keiner ist, halten sie noch daran fest: am Täter, an der Qual, am scheinbaren Zusammenhalt, an ihren Versprechen, an seinen Versprechen (die er ja vielleicht doch noch mal hält ...). Ja, wenn nur ... Sie endlich den Sinn entschlüsseln könnten, um das Dilemma zu lösen.

Nicht wenige Opfer sind so verantwortungsvoll, dass sie sich über lange Strecken fragen, was sie selbst lernen sollen, wenn sie in eine solche Beziehung oder Situation geraten. Das kann ich Ihnen sagen. Sie sollen Folgendes lernen: Passen Sie gut auf. Am besten schreiben Sie es sich auf einen bunten Zettel, den Sie sich im Bad an den Spiegel hängen, an die Kühlschranktür kleben und ins Portemonnaie legen. Passen Sie gut auf, damit Sie die Lektion gleich richtig lernen und in der Schule des Lebens nicht nachsitzen müssen. Aufgepasst!

**Sie sollen lernen,**
**solchen Wichten beizubringen, dass man so nicht mit Menschen umgeht!**

Hier nochmal en detaille: Sie dürfen, nein, Sie sollen sich sogar:

- endlich abgrenzen
- trennen von der Illusion, dass Sie es mit jemand Ehrlichem zu tun haben
- und dann dürfen Sie demjenigen etwas beibringen und zwar: So nicht!

**Kurz: Den Trickser muss endlich die volle Konsequenz treffen!**

**Übrigens**
Die beste Rache ist ein gesundes, volles Leben mit echten Menschen an Ihrer Seite.

Also fragen Sie sich bitte nicht: „Warum macht er | sie | es das?“
Stellen Sie sich vor den Spiegel und fragen Sie sich: „Warum lasse ich das eigentlich immer noch mit mir machen?“ Hier liegt die Antwort, hier liegt die Lösung – bei Ihnen!

# Härtegrade

Nicht jeder Trickser ist bösartig, nicht jede Manipulation eine ethische Katastrophe. Als Maßstab für die Gefährlichkeitsliga, in der gespielt wird, erhalten Sie hier eine Kategorisierung in Härtegrade. Diese Härtegrade verstehen sich als Annäherungswerte, denn jeder wird Manipulationen anders wahrnehmen: Der eine wird es gar nicht bemerken, ein anderer ist bis ins Mark erschüttert. Die individuelle Toleranz ist stark abhängig vom Allgemeinzustand und der '(Un-)Verwüstlichkeit' des Charakters. Doch alle Manipulationen hinterlassen Spuren: manche nur ganz kurz wie eine Welle im Teich. Andere dagegen hinterlassen Wunden, die sich kaum noch schließen. Diese emotionalen Verletzungen schädigen das Opfer nicht nur durch die direkte Kränkung, sie haben indirekt auch Auswirkungen auf den Gesamtorganismus der Psyche (Verwirrung, Verunsicherung, Selbstzweifel, Minderwertigkeitskomplexe, selbstschädigendes Verhalten). Sogar zu einer psychischen Traumatisierung kann es kommen, wenn das Erlebnis die psychischen Belastungsgrenzen des Opfers übersteigt und man das Geschehene nicht verarbeiten kann. Eine solche Diskrepanz (zwischen bedrohlichen Situationsfaktoren und individuellen Bewältigungsmöglichkeiten) zeigt sich in Gefühlen von Hilflosigkeit und schutzloser Preisgabe. Im schlimmsten Fall geht damit eine dauerhafte Erschütterung von Selbst- und Weltverständnis einher. Das traumatisierende Erlebnis muss in seiner Wucht weder zum Zeitpunkt des Erlebens noch später bewusst werden. Viele Opfer verdrängen gänzlich oder über lange Zeiträume.

**Achtung** Ein von Menschen verursachtes Trauma (zum Beispiel seelische Gewalt) wird als weit schlimmer empfunden, als ein Trauma 'zufälliger Ursache' (Naturkatastrophe, Autounfall).

**Tipp** Eine stabile Bezugsperson ist die wichtigste und bedeutendste Hilfe für einen traumatisierten Menschen.

Ebenso ist es von großer Hilfe für die Opfer, dass sie verstehen, was ihnen geschehen ist und warum sie so reagieren (Verhaltensweisen und Empfindungen). Dass sie also 'normal' (auf das Trauma) reagieren. Wer einem potenziell traumatisierenden Ereignis ausgesetzt war, sollte sich dringend professionelle Hilfe organisieren. Zur Ruhe kommen, mit Vertrauten darüber sprechen, sich an einen traumatherapeutisch spezialisierten Psychotherapeuten wenden.

## Die Härtegrade

Im ersten Härtegrad geht es um die typischen und banalen Irritationen bei intakter Beziehung. Dies sind eher harmlose Handlungen, die für kurze Zeit eine Spur von Bitterkeit oder Scham darüber hinterlassen, gekränkt oder an der Nase herumgeführt worden zu sein.

**Achtung** Wenn dies täglich geschieht sind wir beim Prinzip 'Steter Tropfen höhlt den Stein' und befinden uns automatisch im zweiten, wenn nicht gar dritten Härtegrad!

Im zweiten Härtegrad tut es schon wirklich weh und geht mit einem Teilverlust des Vertrauens in Beziehung und Person einher. Nicht selten ist dann auch das Selbstvertrauen geschädigt, wenn auch nur oberflächlich und mit etwas Zeit leicht wiederherstellbar.

Im dritten Härtegrad geht es um schwerwiegende Verletzungen, die den Charakter seelischer Mutilation haben. Sie rühren an die Identität des Opfers, bisweilen geht es um Leben und Tod. Hier droht der gänzliche Verlust von Selbstvertrauen und Freude am Leben, was zu Selbstschädigungen führen kann.

Die Kategorisierung in Härtegrade ermöglicht Ihnen die Klärung

- der vorliegenden Problematik
- des Handlungsbedarfs in Dringlichkeit, Umfang und Professionalität
- der Ihnen zur Verfügung stehenden Ressourcen
- der Lösungsstrategie

## 1. Härtegrad | Irritation

Hier im ersten Härtegrad haben wir es mit der so genannten Hausbagatelle zu tun. Ob dies nun im privaten oder professionellen Umfeld geschieht — kein wirkliches Problem, denn es lässt sich gut mit Bordmitteln (den klassischen Haushaltsmitteln: gutes Zureden, Entschuldigungen einfordern ...) regeln. Haben Sie es mit einem solchen Trickser zu tun, kann man von Optimierungsbedarf sprechen. Doch Achtung, oft genug wertet man die stattgefundene Verletzung ab. Mit einer Laissez-faire-Haltung werden Sie auf Dauer nicht weiterkommen, denn all diese kleinen Verletzungen werden sich aufkumulieren, wie ein immerwährender Tropfen auf dieselbe Stelle des Steines auch ihn höhlen wird. Das bedeutet, dass Sie wachsam sein müssen, ob der Verletzungstrend beim Trickser anhält, so minimal er auch sein mag, und ihn zu konfrontieren, damit dieses Verhalten abgestellt wird. Sonst wird auf Dauer, über Monate und Jahre doch noch eine große Verletzung daraus — mit dem zusätzlichen Problem, dass Sie diese große Verletzung kaum anprangern und kommunizieren können, denn was wollen Sie auf einmal kritisieren? Wo Sie doch all die Jahre nichts sagten und sich doch gar nichts verändert hat? Sind Sie auf einmal ein Sensibelchen geworden, das in der normalen Welt nicht zurechtkommt? Spinnen Sie auf einmal rum? Nein, endlich verhalten Sie sich angemessen, doch das ist sehr schwer durchzusetzen, weil der Trickser gekonnt unterhalb der Klagegrenze navigiert. Doch Sie und er wissen: Steter Tropfen höhlt den Stein. Grenzen Sie sich also immer so schnell wie möglich ab — Sie müssen sich solches Verhalten nicht gefallen lassen. By the way: Wenn der Trickser nun anfängt, Ihre Konfrontation oder sogar Sie persönlich ins Lächerliche zu ziehen, haben Sie die perfekte Rückmeldung dafür, dass Sie ins Schwarze getroffen haben. Glückwunsch! Sie sind nun auf dem richtigen Weg. Lassen Sie sich nicht wieder davon abbringen.

Das Problem auf diesem Härteniveau, in diesem Härtegrad, ist also nicht die einzelne Verletzung seitens des Tricksers an sich, sondern die Abwertung seitens des Opfers, nach dem Motto: „Ist ja halb so wild." Vorsicht – das Problem wird sich ausweiten, quasi metastasieren, wenn Sie nicht Einhalt gebieten. Wie ein Krebsgeschwür, das eine lautlose Invasion betreibt und bei dem Sie den echten Schmerz erst wahrnehmen, wenn das Problem schon so weit fortgeschritten ist, dass Sie ernsthaft um Leib und Leben kämpfen müssen. Dann sind Sie nämlich plötzlich auf dem zweiten, wenn nicht gar dritten Härtegrad gelandet.

## 2. Härtegrad | Läsion

Dieser Härtegrad ist keine Spielerei mehr. Hier im zweiten Härtegrad haben wir es schon mit einer Läsion, also einer tatsächlichen Verwundung zu tun. Eine Läsion ist eine Verwundung Ihrer Integrität, geht also schon in Richtung Trauma. Sofern Sie hier nicht eingreifen, werden Sie feststellen, dass diese Wunde, die Ihnen geschlagen wurde, von allein schlimmer wird. Das Prinzip: „Kommt von allein, geht von allein!", kann hier nicht stimmen. Da kam nichts von allein, denn es war der Trickser, der Ihnen die Wunde beibrachte, und der Trickser geht auch nicht von allein und auch nicht auf freundliches Bitten. Es ist nun an Ihnen, sich vehement selbst zu schützen. Ein „Oh, Entschuldigung!" des Tricksers ist eine unverschämte Verharmlosung und nicht zu dulden, schon gar nicht sollte es Sie dazu veranlassen zu glauben, dass dies einfach nur ein Versehen gewesen sei und nicht wieder vorkomme.

In diesem Härtegrad wird es Ihnen mit Ihren hauseigenen Bordmitteln gelingen eine Erleichterung der Situation, um genau zu sein, eine Erleichterung des Schmerzes zu erreichen. Dies wird aber nicht auf Dauer ausreichen. Scheuen Sie sich nicht, einen Profi zu konsultieren, denn es besteht in jedem Fall Handlungsbedarf. Ihre eigene Intervention (mit haushaltsüblichen Bordmitteln) soll und kann Erleichterung verschaffen, doch zögern Sie den Besuch beim Arzt, Jurist, Mediator, Coach etc. nicht unnötig hinaus. Sie wissen ja, die Situation wird von allein schlechter.

## 3. Härtegrad | Mutilation

Hier wird es existenziell: monetär, sozial und emotional. Hier wird und ist es lebensgefährlich. Es besteht dringender Handlungsbedarf!

Wenn Sie feststellen, dass Sie Spielball eines Tricksers sind (oder waren), Marionette an seinen Fäden, Statist im eigenen Leben und | oder Unternehmen, dann besteht eindeutig eine Traumatisierung. Lassen Sie sich nicht dadurch irritieren, dass Ihr langsam entstandener emotionaler Dekubitus mit scheinbaren Harmlosigkeiten aus der Kategorie des ersten Härtegrades verursacht wurde. Sie sind nicht einfach nur abgespannt. Ihre Wahrnehmung von Burn-out ist das Alarmlämpchen seelischer Mutilation.

**Achtung** Man darf sich nicht einbilden, außerhalb zu stehen. Es reicht nicht zu glauben, die eigene Lebensführung halte einen aus jeder oder doch zumindest solch gewaltiger Gefahr heraus. Es hilft nicht, sich zu sagen: „Die bringen sich gegenseitig um." Bei einer Auseinandersetzung mit einem Trickser dieser Härtekategorie gerät alles, was fest gebaut schien, in Gefahr, weggerissen zu werden wie ein Sandwall von der Flutwelle.

Es besteht dringender Handlungsbedarf. Das bedeutet, dass Sie auf der Stelle alles stehen und fallen lassen und zum Profi gehen: Jurist, Psychotherapeut, Profiler, Coach ...

**Wichtig** Suchen Sie sich jemanden,

- der diese Härtekategorie begreift
- der weiß, wie er sich in dieser Härtekategorie Ihnen gegenüber und vor allem dem Trickser gegenüber zu verhalten hat, um Sie zu schützen und Ihre Interessen bestmöglich zu verfolgen
- mit dem Sie sich wohl fühlen, dem Sie vertrauen, dem Sie sich anvertrauen können
- der von seiner Persönlichkeit in der Lage ist, dem Trickser Widerstand zu bieten

Noch einmal: Sie befinden sich in der unangenehmen Lage, dass Sie als One-(wo-)man-show nicht mehr weiterkommen können. Sie brauchen jetzt ein Team, das sich ganz Ihrem Schutz und Ihrer Wiederherstellung verschreibt.

Das ist in diesem Härtegrad kein Job für Anfänger, Ich-kann-alles-Typen oder wohlmeinende Nachbarn. Sie brauchen Profis!

Wenn Sie jetzt 'halbe Sachen' machen, kommen Sie nicht aus der Problematik raus, sondern erst richtig rein, denn der Trickser wird dann nur gewarnt, aber nicht nennenswert begrenzt.

# Manipulation

Der Beginn und das Grundprinzip allen Übels ist die Manipulation — das Machtspiel an sich ist 'nur' eine chronische Verhärtung. Es geht darum, wie man schnell und gezielt das Denken, Fühlen und Verhalten anderer beeinflusst.

Sie wissen, wie Manipulation funktioniert, nur haben Sie vielleicht noch nie genau auf das System geschaut. Das System ist überall. Auf der Straße, in den Häusern und vor allem in den Fernsehern der Menschen (Stichwort 'Vorabendserie').
Welches ist Ihre Lieblingsserie? Oder gern auch Ihr Lieblingsfilm, ob ein Klassiker von einst oder hipper Blockbuster — alle erzählen die gleiche Geschichte: Guter rettet Opfer vor Bösem. Und das ist auch schon alles. Okay, dieses einfache Prinzip lässt sich beliebig und unendlich ausschmücken, doch es bleibt immer das gleiche Spiel.

## Drama, Baby, Drama!

Für ein richtiges Drama brauchen wir drei Positionen, in denen sich alle und alles Mögliche tummeln kann: Partner, Parteien, Medien, Bürger, Länder, Menschen ... egal.

Das Wichtigste zuerst: Wir brauchen unbedingt ein Drama-Opfer (kein echtes), das angeblich ganz und gar unschuldig ist und ganz furchtbar (oder wenigstens ein bisschen) arm dran. Dann brauchen wir einen Täter. Der Täter ist natürlich böse, das gehört sich so. Rund wird das Drama dann mit dem dritten Element, dem Guten, dem Helden, dem Retter.

**Opfer** Der einsame Opi im Pflegeheim.
Opi sitzt gern ganz allein am Fenster, ist auch wenig mit den anderen Bewohnern im Kontakt. Als Hauptbeschäftigung tut er sich selbst leid.

**Täter** Die undankbaren Kinder, die ihren Vater maximal zu den großen Feiertagen kurz besuchen kommen.
Sohn und Tochter verabreden sich grundsätzlich zu Weihnachten, um in geballter Familienformation, hinter der Deckung der zum Zwangssingen verpflichteten Enkel, den eigenen Vater maximale 30 Minuten zu besuchen. Der Besuchsrekord lag bei 53 Minuten in Opis erstem Jahr im Pflegeheim — dieser zeitliche Spitzenwert wurde nie wieder erreicht.

**Retter** Die Pflegekräfte im Pflegeheim.
Sie sehen den armen Opi immer nur alleine und können gut verstehen, dass die Einsamkeit selbst den besten Menschen grantig werden lässt. Ganz instinktiv, wenn nicht sogar vorsätzlich, patroullieren sie die Flure zur Feiertagszeit, um die FernbleibeDelinquenten abzupassen und

ihnen ein angemessen schlechtes Gewissen einzureden: „Gell, der Vater ist aber auch immer so allein. Da wird es sich freuen. Er spricht ja immer so gut über Sie (dies ist eine faustdicke – aber vom Zweck geheiligte – Lüge). Und als Sie klein waren, da hat er ja auch alles für Sie getan."

**Fehler im System** Wie logisch ist es, dass ein netter Mensch keine Kontakte hat? Gar nicht! Psychologisch erklärbar ist 'AltersEinsamkeit' aber mit früherer Härte und Herrschsucht über die Kinder. Die sich jetzt, da sie selbst mächtiger geworden sind und Opi ohnmächtiger, endlich seinem Einfluss (wenigstens räumlich) entziehen können. Das rettende Licht für die Kinder am Ende des Tunnels der Erziehung ist für Opi dann halt das schwarze Loch, in das er (bei hoffentlich später Einsicht) blickt.

**Prognose** Endlosdrama, vielleicht sogar über Opis Tod hinaus.
Die Kinder halten sich fern, doch immer mal wieder meldet sich das schlechte Gewissen (gern auch in Form von Pflegekräften, Nachbarn ...). Es würde auch nichts bringen, die Gräuel der Kindheit zu benennen, denn die Grundsatzforderung aller Retter ist die Vergebung. Das bedeutet, dass die Kinder wahrhaftig einsam sind, mehr noch als Opi.

Ausgelöst wird das Drama nicht selten durch ein scheinbares Opfer. Es schreit (laut oder leise) als Erstes herum, zeigt auf vermeintliche Täter (notfalls das Leben an sich und als solches) und aktiviert so den Retter.

Das Helfen an sich ist normal und üblich, es ist sogar zutiefst menschlich. Menschen sind ursprünglich gute Wesen. Sie sind hilfsbereit. Doch das Retten ohne Sinn und Verstand, das führt uns ins Drama. Und genau das nutzen Trickser gern aus. Sie wissen, wie sie undurchdachtes Helfen, also Retten, provozieren können. Dummerweise ist es eine unserer menschlichen Tugenden, die das Drama so überhaupt ermöglicht. Denn der Fehler im System liegt zum einen beim Retter und seiner Vorurteilsgläubigkeit, um nicht zu sagen Naivität, und zum anderen beim Trickser, der sich gekonnt als Opfer präsentiert und die Unbedachtheit des Retters hervorragend ausnutzt. Neben den kleinen und großen Schäden im jeweiligen Drama bedeutet das auch, dass Trickser durch ihre Manipulationen der gesunden Hilfsbereitschaft gesamtgesellschaftlich einen großen Schaden zufügen.

## Bäumchen, wechsle dich!

Im Drama gibt es keinen festen Anfang und auch kein festes Ende. Schnell können sich die Positionen verändern – schnell kann sich alles ändern. Es sind die Rollenwechsel unter den Akteuren, die für 'instabile' Verhältnisse sorgen und zu system(at)ischen Verstrickungen führen.

Das funktioniert im Großen (Krieg und Frieden) wie im Kleinen (Kinderspiel und Alltagsbeziehung) und erklärt viele lang andauernde und | oder wiederkehrende Konflikte.

Häufig ist in diesem wilden Rollengewechsele nicht mehr klar, wer eigentlich für was verantwortlich ist und womit es angefangen hat. Sachlichkeit, Ziel und Aufgabe – alles verschwindet in diesem dramatischen 'Bermuda-Dreieck'. Zurück bleibt das dynamische und verwirrende Hinund Herschieben von Verantwortung, Schuld, Ärger, Wut, Enttäuschung und Ohnmacht. So wird enorm viel Energie in Konflikten gebunden und in unproduktiven Lösungsversuchen verbraucht, die dann an anderen Stellen fehlt. In diesem Drama ist man prima aktiv, aber wenig effektiv!

**Der Verfolger** (der als Einziger als Täter wahrgenommen wird), der anklagt, kritisiert (oft wenig konstruktiv), weist andere zurecht, macht Vorwürfe und findet ständig Fehler. Das kommunikative Verhalten des Verfolgers entwertet den Gesprächspartner und macht diesen zum Opfer.

**Das Opfer**, das sich verteidigt, ist enttäuscht und fühlt sich hilflos, wenn nicht sogar abhängig. Oft ignoriert das Drama-Opfer die eigenen Lösungsfähigkeiten und tut sich nur selbst Leid. Bewusst oder unbewusst sendet das Opfer Signale an den Retter, der ihm rasch zu Hilfe eilt.

**Der Retter**, der dem Opfer (gern auch ungefragt und ungebeten) zu Hilfe eilt, gibt gerne Ratschläge und Tipps, übernimmt die Verantwortung und verstärkt so die Opfer-Rolle, wodurch sich manches Mal das Opfer dazu genötigt fühlt, wieder zum Verfolger zu werden, indem es den Retter zurechtweist. Darum ist die Mutation vom Retter zum Verfolger, 'von der Sentimentalität zur Brutalität', gar nicht so selten.

Wir sind uns sicherlich einig, dass jemand, der in diesem 'Dreieck springt', keineswegs vernünftig handelt oder eine realistische Problemlösung erzielt. Im Gegenteil handelt es sich hier um recht manipulative Machenschaften. Alle Positionen treiben es auf die Spitze.

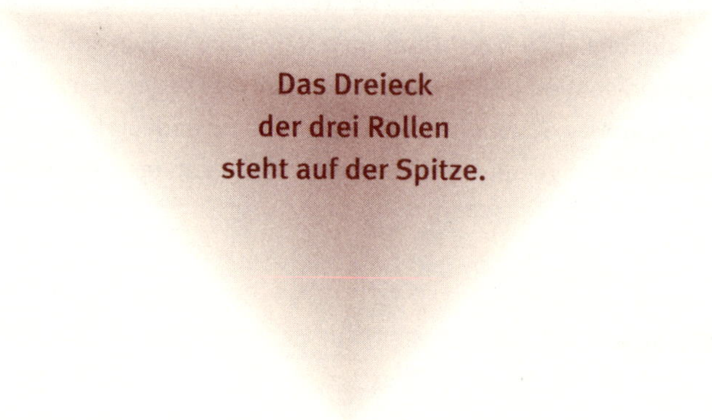


**Das Drama steht Kopf!**

Entdeckt hat man das Drama-Dreieck (Karpman, 1968) im Märchen. Und im Märchen ist ja das Schöne, dass das Gute gewinnt. Im Unterschied zum Märchen ist es im echten Leben aber so, dass das Drama-Dreieck nicht nur nicht immer im Guten ausgeht, sondern sogar extrem selten – und manchmal, aber nur manchmal gerät das Opfer in ein solches Drama, dass es einem Trauma gleicht.

So ist das Drama-Opfer der offenkundig Leidende, der Retter scheint zu helfen, wird aber subtil keine Verbesserung zulassen, und der Verfolger ist der offensichtlich Leid Schaffende. Verfolger und Retter arbeiten in gewisser Weise zusammen: Der Verfolger hält das Opfer durch Anklagen 'ohnmächtig'. Der Retter kann dann besonders gut 'helfen', indem er das tut, was das Opfer unter normalen Umständen ganz allein schaffen würde. Dreh- und Angelpunkt im Drama-Dreieck ist also immer das Opfer.

Dummerweise sind alle drei so sehr in ihre dramatischen Rollen verstrickt, dass sie glauben, vollkommen erwachsen und logisch zu handeln. Sie meinen, ihr Verhalten sei angemessen und produktiv. Doch wenn Sie mit jemandem sprichwörtlich im Dreieck springen, dann sind Sie sich gegenseitig auf den Leim gegangen in der Vermeidung von Verantwortung. Wie eine heiße Kartoffel wird die Verantwortung hastig hin und her geworfen, und jeder fürchtet, sich die Finger zu verbrennen.

Noch ein Beispiel:

**Opfer** Frau Meier aus dem Großraumbüro.
Frau Meier sitzt mit großen feuchten Augen im Großraumbüro. Mit der Zeit bekommt auch der Unaufmerksamste mit, dass sie vor sich hinschnüffelt.

**Retter** Frau Müller, auch aus dem Großraumbüro.
Endlich erbarmt sich Frau Müller, ihr weiches Herz schmilzt, und sie kann es einfach nicht mehr mitansehen. „Nun, Erika, was hast du denn?" „Ach, nein, lass nur!", gefolgt von einem unterdrückten Seufzer, den man bis in die hinterste Ecke hören kann. „Ja, aber was ist denn nur passiert?", insistiert Frau Müller, die weiß, dass man manche Menschen einfach zu ihrem Glück zwingen muss. Mittlerweile sind alle neugierig geworden, und eine kleine Abwechslung ist doch immer willkommen.

**Täter** Der Chef.
Ein Dackelblick von Frau Meier zur Bürotür des Chefs weist auf den wohl anscheinend Schuldigen für ihre emotionale Misere hin. „Ja, das ist ja unerhört", denkt sich Frau Müller, „da hat doch wohl der Chef wieder seine Launen ausgelassen. Nein, so geht das aber nicht!" Frau Meier schnüffelt weiter in ihr Taschentuch, während Frau Müller sie behutsam, doch unmissverständlich zur Kaffeeküche bugsiert: „Nun sag schon, mir kannst du's doch erzählen!"

**Fehler im System** Hat Frau Meier irgendetwas Konkretes gesagt? Hat irgendwer mal gefragt, ob Frau Meier vielleicht eine berechtigte Kritik bekam, die sie nur nicht gern gehört hat?
Frau Meier hat, was sie wollte – enorm viel Zuwendung, zwar erschlichen, aber immerhin —, alle sind aufmerksam geworden, und mehr als die Hälfte der Abteilung solidarisiert sich sofort mit ihr gegen ... ja gegen wen eigentlich? Ach, ist doch egal, warum nicht gegen den Chef, der ist ja gerade nicht da, und im Zweifel immer für den scheinbar Schwächeren. Außerdem kann man dabei so toll seine eigenen unterdrückten Ärgernisse noch einmal nett wiederkäuen — gemeinsam ärgert es sich einfach besser.

**Prognose** Krawall in den Herzen und passiver Widerstand, denn so richtig traut man sich ja doch nicht gegen den Chef.
Mittlerweile ist die ganze Mannschaft aufgebracht. Frau Meier realisiert vage, dass sie da etwas angezettelt hat, was jeder Grundlage entbehrt, aber wenn alle anderen derselben Meinung sind, dann wird da wohl schon etwas dran sein. Die Situation scheint verfahren — wer will jetzt noch zugeben, dass er sich nur von seinen Emotionen hat leiten lassen?!

Im Unternehmen sieht das so aus:

Sie kennen doch diese Mitarbeiter, die schon bei kleinsten Grenzsetzungen das Leid der Welt erfahren, die bei kritischen Rückmeldungen den Dolch im Rücken spüren und die, sobald Sie etwas zu bemerken haben, lauthals (hinter Ihrem Rücken) behaupten, dies sei Ihr persönlicher Feldzug gegen sie.

Nun kommen Führungskräfte natürlich nicht drum herum, auch diese Mitarbeiter zu kritisieren. Meist sind dies auch nicht die kompetentesten oder auch nur engagiertesten Teammitglieder. So vorsichtig Sie die Kritik auch anbringen, so berechtigt diese auch ist – es hilft nichts. Der Fehdehandschuh scheint geworfen, und besagter Mitarbeiter sieht sich als Opfer Ihrer persönlichen Launen.
In Rekordzeit ist die Mitarbeitervertretung informiert.

Wenn die Mitglieder der MAV nicht fit sind in der Erkennung von Machtspielen, dann lassen sie sich dazu

Was ist passiert?

Das Drama-Opfer will Zuwendung und vermeidet Verantwortung.
An dieser Stelle springen gern die Retter ein. Diese opfern sich unangemessen für das Opfer auf und vernachlässigen sich und ihren gesunden Menschenverstand. Daraus wird dem scheinbar Schuldigen gegenüber eine Verfolgerreaktion, und man würde am liebsten mit der Keule zuschlagen, um sich ein für alle Mal für alle Minderwertigkeitsgefühle dieser Welt zu rächen. Der Effekt – Tumult!

Auch wenn die Retter behaupten, dass sie aus reiner Nächstenliebe den armen Opfern helfen, zeigt der Effekt, dass es unter der Hand doch mehr um Egoistisches denn Altruistisches geht.

Pro Abteilung braucht es theoretisch nur ein einziges Opfer, die anderen reiben sich dann in der Retter- oder Verfolger-Rolle auf. Das Chaos ist perfekt. Von Verstand keine Spur.

Der Retter tut zwar sehr liebevoll, doch hat er auffällig dieselbe Einstellung wie der Verfolger, der die Abwertung offen betreibt. Somit ist die Retter-Rolle nur eine Variante der Verfolger-Rolle, die sich mit dem Deckmäntelchen der Liebe kaschiert — quasi der Wolf im Schafspelz.

Wie im echten Leben sind Selbst- und Fremdbild nicht immer 100%ig deckungsgleich.

- Der Retter fühlt sich wie der weiße Ritter auf edlem Ross, wird von außen aber eher wahrgenommen wie Captain Chemnits auffe Mofa.
- Das Opfer sieht sich als holde Maid (in Not), die in Wald und Wiese allein gelassen wurde, in Wahrheit ... kein Kommentar.
- Als Salz in der Suppe und um den richtigen Schwung in die Sache zu bringen, braucht es neben dem Hilflosen und dem Guten noch einen fiesen Bösewicht: Auftritt des Verfolgers, der wiederum bekommt innerlich regelmäßig zu viel bei all den Luschen um ihn herum. Er sieht sich selbst als Actionstar und na ja, von außen erhielte er eher das Etikett 'Giftzwerg'.

Drama, Baby, Drama. Ohne im Dreieck zu springen hat das Leben einfach keinen Schwung.

Dreh- und Angelpunkt im Drama-Dreieck ist immer das Drama-Opfer.

Zwar lautet das Ziel offiziell, das Drama-Opfer zu retten, doch daran ist niemand wirklich interessiert. Wenn Sie genau hinschauen, arbeiten Verfolger und Retter in gewisser Weise zusammen:
Der Verfolger hält das Opfer durch Anklagen 'ohnmächtig'. Der Retter kann dann besonders gut 'helfen', indem er das tut, was das Opfer unter normalen Umständen ganz allein schaffen würde.

Denn eine wahre Hilfe für das Opfer würde bedeuten, dass alle drei ihren heimlichen Gewinn verlieren:

- Der Verfolger hätte dann niemanden mehr, auf dem er herumhacken kann – wie ärgerlich.
- Der Retter hätte dann niemanden mehr zum Retten – wie bedauerlich.
- Und das Opfer hätte niemanden mehr, der für es in Aktion tritt – auch blöd.

Auf echte Opfer ist man im Drama-Dreieck gar nicht eingerichtet, für die hat man außer etwas Oberflächentünche (à la „Du schaffst das schon!") nichts anzubieten.

Noch ein Beispiel, und wir erhöhen den Schwierigkeitsgrad. Nun sollen Sie raten, wer in welcher Rolle ist. Um es Ihnen nicht unnötig schwerzumachen, greifen wir auf alte Klischees zurück:

instrumentalisieren, sich gegen Sie als Vorgesetztem zu verschwören. Anstatt sinnvollerweise erst einmal beide Seiten zu hören und zu vermitteln zu suchen, lässt sich dieses Organ als Retter für das scheinbare Opfer einspannen. Nichts ist geklärt, nichts ist ausgesprochen, nichts überprüft, geschweige denn bewiesen – aber warum auch? Feste Phantasien sind kraftvoller als wackelige Beweise.

Unter der Fahne der Mitarbeitervertretung bzw. -rettung werden nun Sie als Vorgesetzter verfolgt. Damit ist die MAV in zwei Rollen gleichzeitig: Retter für den Mitarbeiter und Verfolger für den Chef. Sie als Vorgesetzter sehen sich dann plötzlich einer wütenden Meute gegenüber, die sich mit dem angeblichen Opfer solidarisiert. Sie sind auf einmal selbst in der Opferposition. Denn hier wurde mit dem Mobbing gemobbt.

Eine Mutter kauft im Angebot einen roten Pullover für ihren 15-jährigen Sohn (GEFAHRENFAKTOR Pubertät). Sie weiß, dass er rot eigentlich nicht mag, doch der Pullover ist so schön (FEHLER IM SYSTEM trotz besseren Wissens redet sie sich etwas Positives ein), und sie erhofft sich einen kleinen Dank (2. FEHLER IM SYSTEM sie erwartet etwas – hat eine Hidden Agenda). Zu Hause angekommen legt sie den Pullover auf sein Bett. Rolle1 Mutter?
Kurz vor dem Abendessen kommt der Sohn nach Hause. Rumms, kracht die Eingangstür. „Er ist da!", meint der Vater humorig mit der Tageszeitung vor der Nase. Stampf, stampf, stampf, die Treppe rauf zum Kinder- – huh, Jugendzimmer –, rumms, die zweite Tür kracht zu. Und wird auch sofort wieder aufgerissen. „Mama", schreit es empört von oben „jetzt hast du schon wieder was Rotes gekauft. Wie oft soll ich dir das noch sagen, dass ich rot total bescheuert finde?!" Rolle2 Sohn? Rumms, die Tür wieder zu.

Der Mutter schießt nun eine Träne ins Auge, sie hat es doch so gut gemeint. Rolle3 Mutter?

Der Vater, der erst innerlich abchecken musste, ob er richtig gehört hatte, sieht die Träne in den Augen seiner geliebten Frau, und nun ist das Fass aber voll für den Bengel. Er greift ein, so etwas gibt es nicht in seinem Haus. „Junge, du kommst sofort hierher, aber sofort! So sprichst du nicht mit deiner Mutter! Und jetzt entschuldigst du dich ordentlich und gehst in dein Zimmer, zum Essen will ich dich hier heute Abend nicht sehen!" Rolle4 Vater?

Von der Ungerechtigkeit der Welt und aller Eltern überzeugt, knirscht der Sohn eine erzwungene und gänzlich unechte Entschuldigung zwischen den Zähnen hervor und ist froh, die 'Alten' für heute los zu sein. Würdevoll zieht er sich in sein Exil zurück. Rolle5 Sohn?

Die Mutter würde jetzt gern etwas sagen, doch in einem Ratgeber hat sie gelesen, dass man bei der Erziehung von Kindern und von Hunden als Herrchen, äh, Eltern, einer Meinung sein muss und Geschlossenheit beweist.

Eine kleine Weile später geht vorsichtig die Kinderzimmertür auf. Wer kommt herein mit einer Tasse Kakao? Genau, die Mutter. „Wollen wir uns wieder vertragen? Ich habe dir ein paar Schnittchen gemacht, die magst du doch so gern." Rolle6 Mutter?

Die beiden vertragen sich, wie soll es auch anders sein. Doch ein wenig nachdenklich ist die Mutter schon, wenn sie wieder die Treppe runtersteigt, um sich mit ihrem Mann an den Abendbrottisch zu setzen. Während des Essens platzt es dann aus ihr heraus. „Du bist viel zu streng mit unserem Sohn, du willst doch nicht, dass er uns später hasst!" Rolle7 Mutter?

Der Vater ist völlig entsetzt. „Aber Liebling, ich wollte doch nur helfen." Rolle8 Vater?

Damit das Karussell einmal rund ist und jeder jede Rolle einmal eingenommen hat, müsste der Sohn nun noch mal auf die Mutter losgehen und sagen: „Jetzt lass den Papa mal in Ruhe." Rolle9 Sohn? ... Doch der sitzt schon vor dem Fernsehen und is(s)t mit sich und den Schnittchen wieder ganz versöhnt.

Nanu, da ist jemand gleichzeitig in zwei Rollen? Jetzt wird es ganz verrückt.

Die Tatsache, dass man in zwei Rollen gleichzeitig agieren kann, ist nicht nur eine Frage von unterschiedlicher Selbst- und Fremdwahrnehmung, sondern der zusätzlich komplizierende Beziehungsfaktor. Da fühlt man sich als Opfer und wird nach außen fies in der Verfolger-Rolle, oder aber man rettet jemanden, indem man einen anderen verfolgt. Um genau zu sein, ist das Drama-Dreieck ein Drama-Karussell!

Wollen Sie es völlig verrückt?

Man muss das Drama-Dreieck nicht mit drei Personen besetzten oder mit zweien. Einer allein reicht. Das macht derjenige dann ganz in seiner Phantasie mit sich selbst aus. Und dazu muss man gar nicht groß psychisch krank sein, prüfen Sie bei der folgenden Beispielgeschichte doch mal, ob Sie sich nicht vielleicht auch schon einmal das Leben so selbst schwer gemacht haben.

Ein Mann will ein Bild aufhängen.

Den Nagel hat er, nicht aber den Hammer. Der Nachbar hat einen. Also beschließt der Mann, hinüberzugehen und ihn auszuborgen.

Doch da kommt ihm ein Zweifel: Was, wenn der Nachbar mir den Hammer nicht leihen will? (Vorwegnahme der Opfer-Rolle) Gestern schon grüßte er mich nur so flüchtig. Vielleicht war er in Eile. Vielleicht hat er die Eile nur vorgeschützt, und er hat was gegen mich. Und was? Ich habe ihm nichts getan; der bildet sich da etwas ein. Wenn jemand von mir ein Werkzeug borgen wollte, ich gäbe es ihm sofort. (Vorwegnahme der Retter-Rolle) Und warum er nicht? Wie kann man einem Mitmenschen einen so einfachen Gefallen abschlagen? Leute wie dieser Kerl vergiften einem das Leben (in der Opfer-Rolle). Und dann bildet er sich noch ein, ich sei auf ihn angewiesen. Bloß weil er einen Hammer hat. Jetzt reicht's mir wirklich (emotional in der Opfer-Rolle — verteidigt sich verfolgerisch).

Und so stürmt er hinüber, läutet, der Nachbar öffnet, doch bevor er „Guten Tag" sagen kann, schreit ihn der Mann an: „Behalten Sie Ihren Hammer!" (in der Verfolger-Rolle) (Watzlawick, 1983)

Tja, das ist ja nicht ganz unkompliziert. Darum schauen wir und die Rollen im Drama-Dreieck einzeln einmal genauer an:

Auflösung Beispiel S. 25f

Rolle1: Mutter
Retter des Sohnes

Rolle2: Sohn
Verfolger gegen die Mutter,
fühlt sich aber als Opfer

Rolle3: Mutter
Opfer des Sohnes
und der eigenen Gutmütigkeit

Rolle4: Vater
Retter der Mutter,
Verfolger des Sohnes

Rolle5: Sohn
Opfer des Vaters

Rolle6: Mutter
Retter des Sohnes (here we are
again)

Rolle7: Mutter
Retter des Sohnes,
Verfolger des Vaters

Rolle8: Vater
Opfer der Mutter

Rolle9: Sohn
Retter des Vaters,
Verfolger der Mutter

## OPFER | DIE OFFENKUNDIG LEIDENDEN

Das wohl Wichtigste für Sie und den Umgang mit Manipulationen ist die Klarheit, ein echtes Opfer (beispielsweise das Opfer eines Tricksers) von einem Drama-Opfer zu unterscheiden, also von einem 'Opfer' im Drama-Dreieck, das selbst ein Trickser ist. Diese Unterscheidung ist wichtig für Sie, damit Sie nicht dem Falschen helfen und so trickreich als Retter eingespannt, also betrickst werden. Und diese Unterscheidung ist wichtig, damit die Trickser ihre Manipulationen grundsätzlich nicht auf Kosten echter Helfer und echter Opfer vornehmen können.

Das einfachste **UNTERSCHEIDUNGSMERKMAL** ist wohl die Koketterie und **Theatralik**, mit der ein Drama-Opfer sein Leid präsentiert. Ein echtes Opfer würde das so niemals tun, denn es ist viel zu sehr mit dem echten Leid beschäftigt und wie es da wieder herauskommt. Zudem ist es vielen echten Opfern unangenehm bis peinlich, über ihr Leid oder ihr Schicksal zu sprechen (vor allem tun sie dies nicht in der Öffentlichkeit). Ein weiteres Unterscheidungsmerkmal ist, dass Drama-Opfer **nichts oder** irgendwie **nicht genug tun, um ihr Problem zu lösen** bzw. aus ihrem Leid herauszukommen. Drama-Opfer sind ja auch mehr damit beschäftigt, ihr Leid zu präsentieren, als es zu lösen. Natürlich meinen viele Drama-Opfer, dass sie echte Opfer sind, doch das ist wie mit der gefühlten Temperatur, die hat oft auch nicht viel mit der echten Temperatur zu tun. Kurz: On stage würde man einem Drama-Opfer-Azubi zurufen: „Fiona, dein Leid muss lebendig sein!“

Ein Opfer zu sein bedeutet nicht, passiv zu sein und nichts zu tun. Im Gegenteil sind Drama-Opfer sehr erfindungsreich darin, sich einen Retter oder Verfolger zu suchen oder irgendjemanden dazu zu bringen, die Retter- oder Verfolger-Rolle zu übernehmen.

Neben der Geschicklichkeit der Drama-Opfer, sich ein Pendant zu suchen, muss man ehrlicherweise anerkennen, dass eine Menge Leute von Drama-Opfern profitieren: Zuerst einmal die Drama-Opfer selbst. Sie vermeiden geistige und körperliche Anstrengung. Dann wären da noch die Retter (zu denen kommen wird noch), deren Helfersyndrom sich freut. Und auch die Drama-Bösen, die Verfolger (auch davon später), die Opfer lieben, weil man so toll auf ihnen herumhacken kann. Und so treibt das Drama-Opfer scheinbar wie ein Gegenstand im Geschehen,

doch wer mit dem Strom schwimmt, muss bekanntlich wenig Einsatz zeigen. Die Verantwortung wird nämlich anderen zugeschoben.

Warum tun die das? Nun, da gibt es einmal die, die es schlicht nicht besser wissen, weil sie ewig klein geblieben sind, und die, die es manipulativ einsetzen. Erstens: Die zweite Gruppe ist die weitaus größere. Zweitens: Ab dem 18. Lebensjahr hat jeder Bürger die Verantwortung für sich selbst zu tragen – es gibt also kaum noch Entschuldigungen fürs 'klein bleiben'. Und dann wollen wir nicht vergessen, dass es auch noch die bösartigen Drama-Opfer gibt, die wie ein Billardspieler über Bande (den Retter) arbeiten und ihn die schmutzige Arbeit tun lassen und dabei gleichzeitig von sich ablenken.

Diese 'ohnmächtige' Position ist in Wirklichkeit sehr machtvoll!

## Quick-Check Drama-Opfer

Charakteristisch für Drama-Opfer ist ihre augenfällig Hilflosigkeit, die sie gern präsentieren, nach der Devise: „Ich bin so hilflos, hilf mir doch!“ | „Was soll ich denn noch alles tun?“ | „Warum immer ich?“

Drama-Opfer erkennen Sie daran, dass sie ...

- vorgeben, etwas nicht zu können
- untätig und hilflos herumstehen
- Angst haben, etwas falsch zu machen
- lieber abwarten und
- hoffen, dass sich etwas von allein ändert oder besser wird
- von sich aus nichts (Produktives in Richtung Lösung) unternehmen
- dem anderen zeigen, dass man von ihm erwartet, dass er etwas unternimmt
- mehr oder minder hilflos sind und unsicher
- schüchtern sind
- unwissend sind
- Schuldbekenntnisse abgeben
- Zusagen geben, die nicht eingehalten werden (können)

### O-Ton Drama-Opfer

„Ich kann machen, was ich will!“

„Das ist heute nicht mein Tag!“

„Immer auf die Kleinen!“

„Richtig, immer her damit, ich hab' ja nichts zu tun!“

„Warum muss das immer mir passieren?“

„Ich habe nie Glück!“

„Ich bin immer so allein!“

„Keiner hat mich richtig lieb!“

- unterwürfig sind
- keine klare Position beziehen
- häufig um Erlaubnis bitten (offen oder verdeckt), etwas tun zu dürfen
- fraglos das tun, was man von ihnen verlangt (egal was)
- Verantwortung ablehnen
- abhängig sind von jemandem oder etwas
- auf der Suche nach einem 'starken Partner' (gern Verfolger oder Retter) sind
- Rat suchen, aber erteilte Tipps (zumindest innerlich) ablehnen (und nicht umsetzen)
- sich schwertun, zum Kern der Sache zu kommen
- sich unpräzise ausdrücken
- sich provozierend unterwürfig, betont höflich, aufreizend langsam verhalten
- ständiges Infragestellen
- mitgetragene Entscheidungen nachträglich infrage stellen
- im unpassenden Moment stören
- sich ungeschickt verhalten
- unangenehm auffallen (Zielperson: Verfolger)
- Mitleid erregen (Zielperson: Retter)
- Zuwendung verlangen, wenn andere absolut keine Zeit dafür haben
- klagen und jammern

All diese Verhaltensweisen werden Ihnen auch von anderen Menschen mal hier und da präsentiert. Das Drama-Opfer zeichnet sich dadurch aus, dass es von den hier vorgestellten Verhaltensweisen mehr als eine Handvoll und diese dann immer und überall präsentiert.

**Achtung** Wenn Opfer noch nicht bereit sind, aus dem Drama auszusteigen, wechseln sie bei einer Lösungssuche oder Konfrontation gern das Thema.

**By the way** Man muss nicht immer und überall Drama-Opfer sein. Da sind die, die sich mal hier und da in dieser Position ausruhen, und da sind die, die mal vom einen oder anderen in diese Position eingeladen werden.
Kurz: Es gibt hauptberufliche Drama-Opfer und natürlich auch den Amateurstatus.

Drama-Opfer ziehen Trickser an, die ...

- gerne tadeln oder moralisieren
- sich intensiv über andere aufregen
- ungeduldig sind
- immer Bester sein wollen
- hitzköpfig sind

... was der Verfolger-Rolle entspricht.

- sich Probleme anderer zu eigen machen
- unklare Vereinbarungen tolerieren
- Bestätigung suchen, dass sie unentbehrlich sind

... was der Retter-Rolle entspricht.

Was soll das? Wie kann man so blöd sein? — So blöd ist das gar nicht, denn ein Drama-Opfer kann von einer ganzen Reihen von Vorteilen profitieren:

- sich demütigen lassen und dann schmollen können
- sich unverstanden fühlen
- sich zurückziehen können
- eigenes Unglück (vom romantischen Herz- bis zum großen Weltschmerz) genießen (können)
- körperliche oder geistige Anstrengung vermeiden
- anderen die Verantwortung für das eigene Leben zuschieben können

DER LESER SPRINGT IM DREIECK!

... heute mal als Drama-Opfer:

Drama-Opfer werden behaupten, dass sie in diesem Kapitel diffamiert werden, und das zeigt ja nur zu gut, wie schlecht die Welt ist, na und überhaupt.

Doch echte Opfer tun etwas dafür, aus ihrer Misere herauszukommen, während Drama-Opfer etwas dafür tun, in die Misere hineinzukommen.

ACHTUNG Viele Drama-Opfer arbeiten sehr routiniert mit moralischer Erpressung!

Drama-Opfer üben häufig indirekt große Macht aus, vorausgesetzt der andere schluckt den 'Köder' oder geht einer Beziehungsklärung aus dem Weg.

Typischerweise werden sich die meisten Menschen im Umfeld eines Drama-Opfers ständig um das Drama-Opfer kümmern müssen: Angst um es haben, dass es im entscheidenden Augenblick versagt, dass es etwas nicht schafft, dass es wieder anfängt zu jammern ...

## Retter | die subtilen Leidunterstützer

'Gut-Menschen' sind gerne Retter. Sie suchen geradezu irgendwen, den sie irgendwo vor irgendwas retten können, und sind deshalb auch gerne blind für alles, was links und rechts davon liegt, zum Beispiel Eigenverantwortung.

Aus der fixen Idee heraus, dass er (als Retter) überlegen ist, drängt er anderen seine Hilfe auf. Nach dem Motto: „All diesen armen Würstchen muss ich helfen, weil es ja sonst niemand tut (wahlweise kann)."

Ein echter Helfer wird Oma selbstverständlich über die Straße helfen. Ein Drama-Retter, hilft ihr auch dann über die Straße, wenn Oma das gar nicht will. Und genau das ist es. Auf den ersten Blick sieht es gut aus, dass da jemand hilft. Doch bei genauerer Betrachtung wird deutlich, dass es gar nicht um den anderen geht, sondern um den Retter selbst. Es ist der Retter, der sein eigenes 'Ding durchzieht', um gut auszusehen. Genau genommen ist der Retter damit auch ein Trickser — nur mit dem Deckmäntelchen der Liebe bekleidet, so dass es den wenigsten auffällt.

Ein Retter kann aber leider erst in Aktion treten, wenn er ein Opfer gefunden hat oder jemanden, den er zum Opfer machen kann. Dieser vermeintlich 'Gute' bezieht die Legitimität seins Handelns aus der (oft gar nicht vorhandenen) Situation: „Da muss doch jemand mal was tun!" und reißt nicht nur die Gelegenheit, sondern auch die Verantwortung an sich, indem er wortwörtlich eingreift.

Damit stellt sich der Retter über das Opfer, seine Kompetenz über die des Opfers, seine Lösungen über die des Opfers — in Wahrheit ist das nicht nett, sondern nervig-großkotzig. Es verwundert also nicht, dass die so entmündigten Drama-Opfer die Lösungswege des Retters (offen oder heimlich) ablehnen. Doch der Retter ist mehr mit seinem Triumph („Wenn du mich nicht hättest!") beschäftigt und damit, sich über seine (oft überflüssigen) Rettungsaktionen unentbehrlich zu machen.

**Was haben Retter denn davon?**

Es ist einfach immer wieder schön, wenn man bestätigt bekommt, dass man gebraucht wird. Besonders wenn man es für sich braucht, dass ohne einen nichts geht. So kann man sich wertvoller fühlen als die anderen (und als man vielleicht im tiefsten Herzen glaubt, dass man ist).

Damit dieser Effekt möglichst lange erhalten bleibt, sind Drama-Retter nicht wahrlich an Hilfe interessiert. Denn ohne Opfer gibt es keine Rettung. Die 'Hilfe' des Retters soll den anderen eher unselbstständig und abhängig machen. Sie soll verhindern, dass die anderen 'erwachsen' werden und selbst denken und entscheiden können. So übernimmt ein Retter all das, was das Opfer eigentlich selbst könnte. Er 'schützt' das Opfer damit vor eben seinen eigenen Fähigkeiten und dem Erwachsenwerden.

Bezüglich der Retter-Rolle sind zwei Mythen (ach, seien wir ehrlich – zwei Lügen) im Umlauf:

1. Die Retter-Rolle ist keine Schwächung und Verletzung des Opfers, sondern wird als Selbstlosigkeit, Großzügigkeit und Partnerschaft verstanden.
2. Die Retter-Rolle aufzugeben ist keine Hilfe für das Opfer, sondern ein Akt der Treulosigkeit.

ACHTUNG Die Retter-Rolle ist aus einem besonderen Grund so beliebt: Solange der Retter an den Problemen des Opfers rummurkst, kann er sich gut, wenn nicht sogar triumphal fühlen, ohne die eigenen (internen) Probleme lösen zu müssen — es gibt ja Wichtigeres, nämlich die Probleme des Opfers. Ein Retter wird so lange seine eigenen Probleme meiden, solange er Opfer und gute Argumente finden kann, sich auf das Außen (Themen des Opfers) statt das Innen (eigene Probleme und Herausforderungen) zu konzentrieren.

Innerhalb dieses Drama-Retter-Systems wendet der Retter folgenden Trick für sich selbst an: Wann immer es für ihn selbst irgendwie nicht so richtig gut läuft, weil er mit sich, seinem Leben, seinem Partner oder der Welt an sich nicht im Reinen ist, muss ihn das nicht bange machen, denn es gibt ja eine einfache Lösung: die Ablenkung! Er kann sich mit Gutmenschtaten

1. ablenken

2. berechtigt gut fühlen und

3. ein paar Pluspunkte auf dem kosmischen Konto sammeln.

Der Retter sammelt Gutmenschmarken, um seine Fehlerchen, Schwächen und unegalen Punkte zu kaschieren — es ist Make-Up. Und wie beim Make-Up muss es jeden Tag erneuert werden, denn darunter ist ja alles so geblieben, wie es ist. Schlimm, wenn der Drama-Retter meint, dass er sich mit seinem Echtsein niemandem (auch sich selbst nicht) zumuten kann, weil er vor sich selbst in seinem überkritischen Spiegel nicht besteht. Dann kommt zum täglichen Aufpimpen mit Gutmenschmarken über die Jahre die Schwerkraft der Depression dazu, und wie bei so manch alterndem Juppi, der selbst mit 60 die 29 nicht überschreiten will, steigt der tägliche AufmotzAufwand überproportional mit dem Alter. Irgendwann ist die dicke Schminkschicht selbst aus der Entfernung nicht mehr ansehnlich. Doch das bewerten ja nicht die Außenstehenden, sondern der Betroffene selbst, und dessen Spieglein zeigt ein anderes Bild.

Ist Ihnen nun deutlich, warum sich bestimmte Staaten gern berufen fühlen, die Welthilfspolizei zu spielen? Sie wissen ja, gemeinsamer Feind eint.

Und so mancher Retter scheint mehr Angst davor zu haben, sich den eigenen Problemen zu stellen, als ausgenutzt zu werden.

Damit wir uns richtig verstehen: Anderen zu helfen ist ein wichtiges und kostbares Gut unserer Zivilisation. Doch das Helfenwollen an sich und als solches entbindet Sie nicht von der Verantwortung penibel zu prüfen, ob Sie auch dem Richtigen helfen.

Der Leser springt im Dreieck!

... heute mal als Retter:

Retter werden dieses Konzept als völlig zynisch abtun und sich bestätigen, dass die Welt sie und ihre 'Liebe' braucht, um wenigstens etwas Gutes zu tun.

Doch wenn Sie an einem isolierten Sprachfehler leiden, der es ihnen unmöglich macht „Nein" zu sagen, dann befinden Sie sich in der Retter-Rolle.

„Wahre Liebe kann Nein sagen!"
*Elisabeth Kübler-Ross*

## Quick-Check Retter

Charakteristisch für Retter ist ihre versteckte Selbstgerechtigkeit, die sie gern präsentieren, nach der Devise: „All diesen armen Leuten muss ich helfen, weil sie selbst es nicht können und auch sonst niemand außer mir dazu in der Lage ist.“ | „Wenn du mich nicht hättest ...“

Retter erkennen Sie daran, dass sie ...

- voller (unangemessenem) Mitgefühl sind
- für andere einspringen
- helfen, ohne dass Hilfe verlangt wurde
- Trost mit Ratschlägen geben
- sich um alles kümmern und sich die Probleme anderer zu eigen machen
- genau wissen, was für andere gut ist – ohne sie jemals befragt zu haben
- ungefragt Ratschläge geben und insgeheim davon ausgehen, dass man sie befolgt und dankbar ist
- zusichern, dass Hilfe jederzeit in Anspruch genommen werden kann
- unklare Vereinbarungen tolerieren
- die Komplementär-Rolle fördern: das Opfer, und damit herausfordern, dass man sich an sie dranhängt
- Tätigkeiten übernehmen, die der andere auch selbst erledigen könnte
- gute Ratschläge anbieten, ohne die Situation zu analysieren
- indirekt die Erlaubnis geben, Fehler zu machen, etwas nicht zu können und | oder zu scheitern (und so die Voraussetzung für die Notwendigkeit der Retter-Rolle schaffen)
- dafür sorgen, dass dann doch irgendwie nichts passiert

### O-Ton Retter

„Nun sagen Sie doch schon, was Sie bedrückt!“

„Ich sehe doch, Sie haben ein Problem!“

„Du kannst mir vertrauen!“

„Mit mir kann man über alles reden!“

„Du siehst so blass | besorgt | verängstigt ... aus!“

„Komm, ich mach’ das schon für dich.“

All diese Verhaltensweisen werden Ihnen auch von anderen Menschen mal hier und da präsentiert. Der Retter zeichnet sich dadurch aus, dass er von den hier vorgestellten Verhaltensweisen mehr als eine Handvoll und diese dann immer und überall präsentiert.

**By the way** Man muss nicht immer und überall Retter sein. Da sind die, die sich mal hier und da in dieser Position ausruhen, und da sind die, die mal vom einen oder anderen in diese Position eingeladen werden. Kurz: es gibt hauptberufliche Retter und natürlich auch den Amateurstatus.

**Achtung** Wenn Retter noch nicht bereit sind, sich ihren eigenen Problemen zu stellen, werden sie sehr erfinderisch sein, neue (ganz furchtbar wichtige) Rettungsaktionen zu finden, die wichtiger sind als ihre eigenen Themen.

Retter ziehen Trickser an, die ...

- sich 'als im Leben zu kurz gekommen' empfinden
- mit Problemen nicht fertig werden
- gerne Denkarbeit vermeiden
- Verantwortung ungern übernehmen
- ihre eigenen Fähigkeiten abwerten

... was der Drama-Opfer-Rolle entspricht.

Was soll das? Wie kann man so blöd sein? — So blöd ist das gar nicht, denn ein Retter kann von einer ganzen Reihe von Vorteilen profitieren:

- bestätigt bekommen, dass man gebraucht wird
- anderen beweisen, dass 'ohne einen nichts geht'
- sich wertvoller als andere fühlen
- andere herabsetzen können bzw. abhängig machen

**Allen Rettern sei gesagt:** Retter zu sein ist zwar sehr schön, aber auch sehr anstrengend, denn der mit dieser Rolle verbundene Stress ist enorm. Das Umfeld verlässt sich gern auf den Retter. Wenn dieser — nun einmal selbst überfordert und bedürftig — klagt und um Hilfe bittet, wird man das im Umfeld nicht weiter ernst nehmen: „Du schaffst das schon!" Und ein paar motivierende Worte genügen tatsächlich in der Regel, um den Motor des Retters wieder auf Touren zu bringen. Aber die Rollen wechseln schleichend: Der Retter selbst gerät immer stärker in die Opfer-Rolle durch Überforderung. Beklagt sich nun der ehemalige Retter, was er erdulden und erleiden muss, ist es nur noch ein kleiner Schritt in die nächste, die Verfolger-Rolle. Dann wird der einstige Retter verfolgerisch anklagen und die Schuld an der eigenen Überlastung und Unzufriedenheit den anderen in die Schuhe schieben. Das Drama-Dreieck ist perfekt!

Liebe Retter, bitte bedenken Sie:
Der letzte Retter wird das nächste Opfer! Wenn Sie nicht mit Sinn und Verstand helfen, wird es zum Bumerang, denn Ihnen wird wahrscheinlich keiner helfen. Um es auf den Punkt zu bringen: Der Retter ist in diesem Spiel der Dumme. Er merkt das aber gar nicht, sondern fühlt sich triumphal. Der eigentliche Witz an der Sache ist also der, dass das Drama-Opfer nur aussieht wie ein Opfer, das wahre Opfer aber ist der Retter!

Oft genug helfen sogar echte Opfer den Drama-Opfern — der Gipfel der Perversion. Geben Sie acht, dass Sie nicht ausgenutzt werden. Ihr Leitsatz sollte lauten: „Helfe ich dem Richtigen?“

ACHTUNG Die Meistermanipulatoren vermögen es, einen Retter zu finden, der ihnen die Rache für angeblich erlittenes Unrecht abnimmt. Hier werden verdrängte Raffgier und Rachsucht des Retters als Hebel für den Betrug genutzt.

Zudem sind viele Opfer von Betrügern schlicht zu leichtgläubig, naiv und vertrauensvoll. Sie verdienen es keineswegs, von einem Betrüger (und seinem Gehilfen — diesmal vielleicht mit Ihrer Beihilfe?) über den Tisch gezogen zu werden.

Nicht selten schließt sich hier (zum wiederholten Male) der Kreis: Sie helfen als Retter dem vermeintlichen Opfer (Trickser) eines angeblichen Täters (das wahre Opfer) und werden so selbst zum Täter.

Übrigens: Bestraft werden selbstverständlich Sie!

## Verfolger | die aktiv Leidschaffenden

Verfolger agieren gar nicht so anders als Retter, nur ohne das Deckmäntelchen der Liebe.

Der Verfolger lässt sich emotional nicht auf andere ein und kaschiert seine abwehrende Haltung mit abwertendem Verhalten. In Gespräche steigt er hart ein. Dabei kombiniert er die verbale Blutgrätsche mit wahllosen Vorwürfen und heftigen Nachbohrungen (auch in den Angelegenheiten, die ihn nichts angehen). Gern treibt er andere mit skrupellosen Tricks in die Enge und sucht nach weiteren wunden Punkten.

In der Verfolger-Rolle fühlen sich Trickser wohl, die gerne auf jemandem herumhacken und Gefallen daran finden, andere an ihren schwachen Punkten zu packen oder mit Schuldgefühlen zu operieren. Verfolger tadeln und moralisieren, regen sich intensiv über andere auf, sind ungeduldig und hitzköpfig. In seiner scheinbar überlegenen Position verstümmelt der Verfolger gern die Fähigkeiten des Gegenüber, indem er diese nur heftig genug abspricht.

Durch das harte Auftreten des Verfolgers schreckt man im direkten Kontakt mit ihm instinktiv zurück, um den (gefühlten und tatsächlichen) Kampf (oder gar Krieg) zu vermeiden. Durch die Vermeidung der Auseinandersetzung fügt man sich aber automatisch in die Minderposition, und das bedeutet, man akzeptiert für sich die Drama-Opfer-Rolle.

Ein Verfolger fühlt sich als Big Boss, Kenner der Materie und tougher Kerl und ist gern vorwurfsvoll. Er hubschraubert über der Kooperationsebene und lässt verbalen Mist fallen.

Die Verfolger-Rolle ist — wenn auch unangenehm für die anderen — eine Komfort-Rolle (für den Trickser), um nicht selbst in den eher depressiven Geschmack der Opfer-Rolle zu geraten. Denn wenn man Fehler immer bei anderen sucht, kann man sich grandios über die eigenen Mängel hinwegsetzen. Mit dieser narzisstischen Haltung, sich über andere zu erheben, sichert der Verfolger für sich das Gefühl, der Beste zu sein. Das lenkt ihn von den eigenen Unzulänglichkeiten ab.

Passenderweise ist der Verfolger immer recht aggressiv (das hilft über so manche Gewissensschwelle hinweg) und drängt das Opfer sofort in eine gefühlte Minderposition: Zack — und Sie fühlen sich auf einmal klein, dick, dumm und hässlich.

Ja wirklich, mit dem Verfolger, das ist eine hässliche Angelegenheit.

## Quick-Check Verfolger

Charakteristisch für Verfolger ist ihre ständige Anklage und Kritik, die sie gern vorbringen, nach der Devise: „Du bist hilflos und ohne Hoffnung, und du bist selbst daran schuld!" | „Man muss Unmögliches verlangen, um gute Leistungen zu erhalten!"

Verfolger erkennen Sie daran, dass sie ...

- andere herabsetzen
- andere auslachen
- Probleme (anderer) abwerten
- versuchen, Probleme auszureden oder abzublocken
- gern in die Defensive drängen
- Macht- und Statusunterschiede betonen
- Anordnungen oder Verbote ohne Begründung geben
- streng, kleinlich
  und auf genaues Einhalten von Regeln und Anweisungen bedacht sind
- Vermutungen anstellen, Verdächtigungen aussprechen
- zurechtweisen
- nachtragend sind
- keine Unklarheit aufkommen lassen, wer 'oben' und wer 'unten' steht
- Kritik und Vorwürfe häufig hart und geballt vorbringen
- im weitesten Sinn 'hinter anderen her' sind
- anklagen
- versuchen, durch überkritisches, zurechtweisendes, bestrafendes oder arrogantes Verhalten bei den anderen Gefühle der Minderwertigkeit, Schuld, des Versagens und der Unterlegenheit zu provozieren
- bohrend nachfragen
- Unmögliches verlangen

### O-Ton Verfolger

„Ich habe das Gefühl, außer mir arbeitet hier niemand!"

„Sagen Sie, was machen Sie eigentlich so den ganzen Tag?"

„Sie sind doch sonst so intelligent, aber ...!"

„Machen Sie gefälligst das, was von Ihnen erwartet wird!"

„Wie oft soll ich Ihnen das noch sagen?"

„Ich habe das starke Gefühl, nur mit Bekloppten hier zu tun zu haben!"

Verfolger ziehen Trickser an, die ...

- gewohnt sind, sich kritiklos unterzuordnen
- nicht widersprechen
- nicht „Nein“ sagen können
- leicht den Kopf verlieren
- sich wegen Fehlern Schuldgefühle machen
- sich Blößen geben
- sich ungeschickt verhalten

... was der Drama-Opfer-Rolle entspricht.

- sich nur besonders hartem Widerstand beugen

... was der Verfolger-Rolle entspricht.

Was soll das? Wie kann man so blöd sein? — So blöd ist das gar nicht, denn ein Verfolger kann von einer ganzen Reihen von Vorteilen profitieren:

DER LESER SPRINGT IM DREIECK!

... heute mal als Verfolger:

Der Verfolger wird diese Ausführung gern zum Anlass nehmen, seinen Bezugsrahmen zu bestätigen: „Wusste ich doch, dass das alles Idioten sind! Sogar die Autorin, sonst würde sie erkennen, dass das angebliche Verfolgerverhalten die einzig logische Reaktion auf all die Nullen um mich herum ist.“

- Fehler bei anderen suchen, um sich grandios fühlen zu können.
- sich über andere erheben
- aufgestaute Gefühle 'berechtigt‘ und 'schuldfrei‘ einlösen
- anderen Schuld zuweisen, oftmals selbst für eigenes Versagen
- sich ärgern (können)
- das Gefühl haben, der Beste zu sein
- überzeugt sein, alles allein machen zu müssen

Solange Sie sich in Ihren aggressiven Größenphantasien verbeißen, werden Sie leider keine echte Beziehung erfahren. Schade.

**ACHTUNG** Der Verfolger ist im Drama-Dreieck der vermeintlich 'Mächtige‘. Er will das Opfer beschuldigen, bestrafen oder zur Rechenschaft ziehen. Ähnlich wie der Retter, glaubt der Verfolger zu wissen, was die Ursache für ein Problem ist (nämlich die Unfähigkeit oder Unwilligkeit des Opfers). Doch während der Retter mehr für Verständnis und sanfte Lösungen wirbt, plädiert der Verfolger für Konsequenz und Härte.

## Faustregeln

Diese Faustregeln gelten in der freien Wildbahn, Ihrem Privatleben und in Ihrem beruflichen Umfeld. Sie sind psychologische Naturgesetze:

- **Wo auch immer Retter und Opfer zu finden sind, da ist auch mindestens ein Verfolger:**
    - Jeder Retter wird, wenn das Opfer nicht auf das Hilfsangebot eingeht und statt dessen selbst aktiv wird, ärgerlich – und damit zum Verfolger.
    - Jedes Opfer wird im Kontakt mit dem Retter die eigene Unterlegenheit deutlich spüren und merken, dass es vom Retter hilflos gehalten wird. Damit wird auch das Opfer wütend auf den Retter – und so zum Verfolger.
    - Jede Aktion zwischen Retter und Opfer wird somit in einer Beziehung zwischen Verfolger und Opfer enden.

- **Der letzte Retter wird das nächste Opfer!**
  Wenn Sie nicht mit Sinn und Verstand helfen, kommt der Bumerang Opferrolle zurück und knockt Sie aus.
    - Wenn Sie im Gespräch beginnen, sich mit dem ganzen Oberkörper dem Gesprächspartner entgegenzulehnen, gehen Sie sehr wahrscheinlich in die Retter-Rolle!
    - Wenn Sie mehr als 50% der Arbeit tun oder mehr als 50% der Verantwortung übernehmen, sind Sie sehr wahrscheinlich in der Retter-Rolle!
    - Wenn Sie ungebeten und|oder ohne Absprache für jemanden etwas tun, oder wenn Sie es ungern tun, sind Sie wahrscheinlich in der Retter-Rolle! Jede Aktion zwischen Retter und Opfer endet somit in einer Beziehung zwischen Verfolger und Opfer.
    - Wenn Sie auf jemanden ärgerlich werden, haben Sie ihn wahrscheinlich vorher schon zu lange gerettet – oder sich selbst vor der Konfrontation!

- **Die Drama-Opfer-Rolle ist die wahrhaft mächtige!**
    - Die Retter-Rolle ist die abhängige Rolle im Drama-Dreieck!
    - Die Verfolger-Rolle ist die relativ stabilste im Drama-Dreieck!

## Ausstieg aus dem Drama

Wie gelingt es, gar nicht erst in das Drama einzusteigen? Wie steigt man schnellstmöglich wieder aus, aus diesem Drama-Karussell?

### Prophylaxe

Das beste Mittel gegen Konflikte, Manipulationen und Machtspiele — und damit auch gegen das Drama-Dreieck — sind **klare Absprachen**!

Andersherum erkennen Sie an gehäuftem Manipulationsvorkommen, dass Absprachen nicht nur nicht konsequent eingehalten werden, sondern die Klarheit in diesen Absprachen fehlt (wenn Absprachen nicht sogar ganz fehlen).

Damit gehört zur Prophylaxe

1. Klarheit über das, was Sie wollen, und das, was Sie sollen.
2. Die Einforderung weiterer Klärung und | oder Absprachen.

Absprachen beziehen sich bestmöglich auf Zuständigkeiten, Rollen, Ziele, Grenzen und Sanktionen.

Ein weiterer wesentlicher Faktor, Manipulationen und das Manipuliert-Werden zu vermeiden, besteht darin, Klarheit darüber zu erlangen, wo Ihre Anfälligkeiten für das Drama-Dreieck liegen.

- Knickt Ihr Selbstbewusstsein schon mal grundsätzlich ein, und dann lassen Sie sich in die Opfer-Rolle einschüchtern?
- Sind Sie vielleicht ein Helfertyp und immer schon mit einem Bein in der Retter-Rolle?
- Regen Sie sich gern auf, um sich selbst vor der Angst vor Überforderung zu schützen, und sind damit schon mal gern im Verfolgermodus?

### Erkenntnis

Erkenntnis ist der ultimative Schlüssel zur Immunität. Wenn Sie sich Ihrer eigenen Anfälligkeiten und Verhaltensmuster bewusst sind, können Sie Drama-Angebote rechtzeitig erkennen und spaßeshalber mal nicht mitmachen. Dann fallen Sie weder auf Ihre eigenen Anfälligkeiten, noch auf die anderen Rollenvertreter herein.

Dazu müssen Sie zuerst erkennen, zu welcher | welchen Rollen Sie neigen. Achten Sie darauf, indem Sie auf Ihre Gefühle achten.

- Fühlen Sie sich minderwertig und schwach (Opfer oder Drama-Opfer)?
- Fühlen Sie sich aggressiv oder ungeduldig und überlegen (Verfolger)?
- Fühlen Sie sich kompetent, hilfsbereit und moralisch überlegen (Retter)?

Dann steigen Sie aus dieser | diesen Rollen aus.

### Stoppen und aussteigen

Eine Universallösung für Manipulationen besteht darin, die persönliche Eigenverantwortung (bestmöglich die aller Beteiligten) zu stärken und gegenseitige Wertschätzung und Akzeptanz zu leben.

Im Drama gibt es nur Minder- und Mehrpositionen: das Drama-Opfer mit seinem Tief-Status und der Retter und der Verfolger beide mit ihrem Höher-Status. Einigen Sie sich mit allen Beteiligten darauf, einen allseits akzeptierten Hoch-Status zu leben, dann muss niemand tiefer oder höher stehen und Begegnung auf Augenhöhe ist möglich.

Das bedeutet für Sie und alle Beteiligten:

- Werden Sie sich klar, was Sie wollen und was Sie nicht wollen!
- Formulieren Sie Ihre Position klar gegenüber den anderen.
- Respektieren Sie die Meinung, Wünsche und Haltung aller, auch wenn sie Ihrer Haltung entgegenstehen!
- Übernehmen Sie nicht die Verantwortung für die anderen, sondern nur für sich selbst!
- Bei unterschiedlichen Positionen können Sie die Hintergründe aktiv und interessiert hinterfragen. Stellen Sie die Hintergründe zu Ihrer Position dar.

Häufig ist ein Großteil des Konflikts schon gelöst, wenn man sich gegenseitig nur einmal richtig aufmerksam zuhört und versucht, die Welt mit den Augen des anderen zu sehen. Dazu gehört unmissverständlich die Konzentration auf die Sachebene. Hier kann es hilfreich sein, ein ins Karussell geratenes Gespräch erst einmal anzuhalten, eine kurze (auch räumliche) Pause einzulegen und zum Ausgangspunkt zurückzukehren: Warum sitzen wir hier miteinander? Was ist unsere Aufgabe?

### Anti-Retter-Check

- Soll ich retten oder helfen (handelt es sich um einen Köder oder um eine ehrbare Anfrage)?
- Ist Hilfe überhaupt nötig?
  Kann der andere sich nicht doch selbst helfen?
- Kann ich helfen?
  Bin ich ausreichend kompetent?
  Verfüge ich über die ausreichenden Ressourcen an Zeit und Mitteln?
- Möchte ich helfen?
  Habe ich Lust dazu, bei einem solchen Problem grundsätzlich zu helfen? Möchte ich tatsächlicher dieser Person helfen? Werde ich für das Helfen bezahlt, wird es einen Gegenwert geben?
- Helfe ich dem Richtigen?
  Stimmt das, was mir als Problem vorgelegt wird, auch tatsächlich? Oder werde ich manipuliert, um jemandem die Kohlen aus dem Feuer zu holen?

Erwarten Sie keinen Applaus, wenn Sie die Retter-Rolle hinter sich lassen. Sie waren als Retter ganz wunderbar bequem für Ihr Umfeld. Sobald Sie also beginnen, besser für sich selbst zu sorgen, und den anderen ermöglichen, ihr Leben und ihre Aufgaben selbst in die Hand zu nehmen, wird man Ihnen das negativ ankreiden. Halten Sie durch. Wer „Nein“ sagt, sagt „Ja“ zu sich selbst!

**Tipp für Retter-Rollen-Anfällige** Professionalisieren Sie Ihre Helfernatur. Machen Sie ganz offiziell Charity. Das heilt Sie durchaus davon, laut schreienden Drama-Opfern auf den Leim zu gehen, denn Sie tun ja schon etwas, müssen darum auch Ihre Energie gut einteilen und werden automatisch Prioritäten setzen, was das Helfen anbelangt.

### Anti-Verfolger-Check

- Bin ich bezogen auf die Sache oder negativ bezogen auf die Person und ihr Verhalten?
- Fühle ich mich den anderen überlegen? Kompetenter, wichtiger, besser, hübscher ...?
- Kann ich dem anderen seinen Erfolg gönnen?
- Habe ich Angst? – Wovor habe ich Angst?
- Möchte ich dem anderen etwas beweisen oder ihn von etwas überzeugen?

**Tipp für Verfolger-Rollen-Anfällige** Kommen Sie runter, von Ihrem hohen Podest, von Ihrem Stress, von Ihrer Aggression. Umgeben Sie sich mit wohlwollenden Menschen, dann müssen Sie auch nicht mehr so automatisch auf der Hut sein. Und lernen Sie sich rechtzeitig abzugrenzen, damit es nicht so aggressiv sein muss, wenn Sie mal wieder zu lange gewartet haben.

**Tipp** Nicht vergessen werden sollte, dass Manipulationen vermehrt in unsicheren Situationen eingesetzt werden. Eine sichere, erlaubende Atmosphäre reduziert also nicht nur die Anzahl, sondern auch den Härtegrad der Manipulationen und Machenschaften.

**Achtung** Besondere Verantwortung haben Führungskräfte, die im Berufsleben für Personen Verantwortung tragen. Sie sollten sich vergegenwärtigen, dass ihre Mitmenschen mit einer autoritären Rolle unterschiedliche Erfahrungen verbinden. Manche reagieren ehrfürchtig und untertänig, andere wiederum rebellieren offen oder verdeckt gegenüber dem Vorgesetztenstatus. Führungspositionen erweisen sich daher für so manchen als Stolpersteine – vor allem dann, wenn man die eigene Rolle für sich noch nicht definieren und klären konnte.

Zum Klärungsprozess gehört auch, den Blick für persönliche Verhaltensweisen zu schärfen. Hier können Ihnen sechs Fragen helfen:

1. In welche Situationen gerate ich häufig hinein?
2. Welche Situationen inszeniere ich vielleicht selbst?
3. Was würde geschehen, wenn ich bei diesen Manipulationen nicht mitmache?
4. Wie kann ich mit Überforderung umgehen, ohne in die Drama-Opfer-Rolle zu geraten?
5. Welche Alternativen habe ich, mich gut zu fühlen, ohne die Retter-Rolle einzunehmen?
6. Wie kann ich meinem Ärger Luft machen, ohne als Verfolger aufzutreten?

# manöver

Nun wollen wir uns Schritt für Schritt den komplexeren Manövern nähern, die Trickser gern einsetzen, um Sie zu manipulieren. Das Drama-Dreieck ist dabei natürlich nie weit entfernt. Hier eine Auswahl der beliebtesten:

## Schieben

Sehr beliebt ist bei Tricksern das Schieben. Sie machen Zusagen, die dann aber nicht eingehalten werden — natürlich unter Zuhilfenahme vieler Erklärungen und Gründe, warum das nun gar nicht ihre Schuld ist. Doch der Trickser hatte nie vor, die Zusage einzuhalten. Sein Ziel war es, Zeit und Ruhe zu gewinnen, um weiter 'sein Ding durchzuziehen'. Und mündliche Zusagen sind im Streitfall wenig wert. Was interessiert den Trickser also sein Geschwätz von gestern, lieber ist er sich heute selbst der Nächste.

Dieses Prinzip lässt sich mit geschickten Hinhaltemanövern teils über Jahre durchhalten, ohne dass das Opfer wirklich konsequent wird. Aus diesem Grunde kann man das Schieben seitens des Tricksers auf Seiten des Opfers als 'Warten auf den Weihnachtsmann' bezeichnen.

Indem der Trickser immer wieder Hoffnung auf den 'Weihnachtsmann', also das Einhalten der Versprechen, macht, bleibt das Opfer gefügig. Kaum ist die Geduldsschwelle des Opfers erreicht, wird es mit kleinen Sachen zwischendurch, im Sinne eines in die Länge gezogenen Adventskalenders, bei Laune gehalten. Gern wird auch die ganz große Sache am Ende der Durststrecke (die sich dummerweise noch etwas hinzieht) versprochen, wenn das Opfer schön brav ist und nicht aufmuckt.

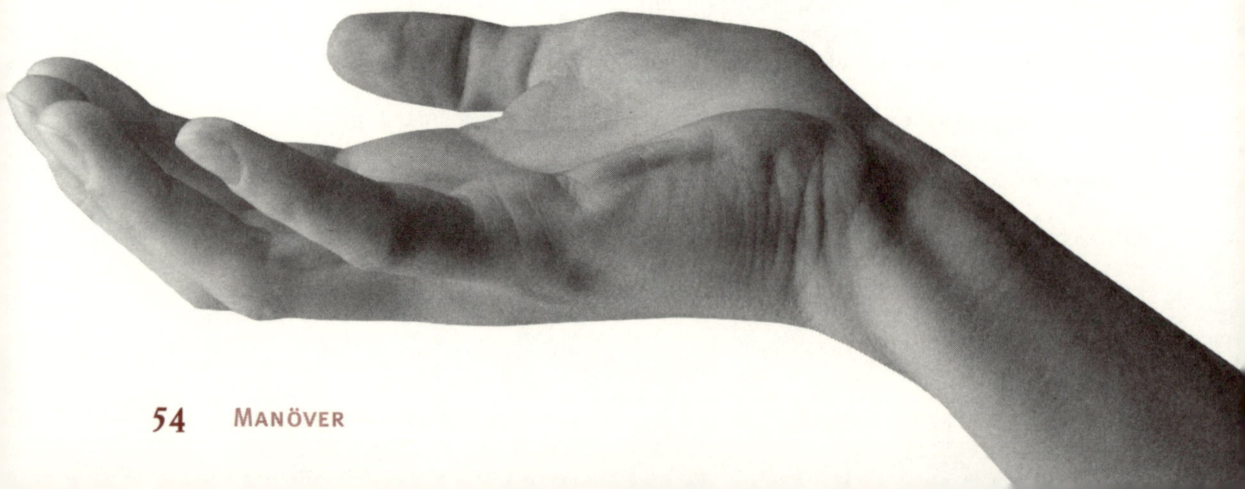

Dieses Prinzip lässt sich auf verschiedenen Ebenen umsetzten:

- Auf (scheinbar) gleicher Ebene zwischen Beziehungspartnern:
  „Schatz, wenn ich dieses total wichtige Projekt beim Kunden durch habe, dann fahren wir endlich einmal gemeinsam in den Urlaub."
- Nach oben, beispielsweise dem Chef gegenüber:
  „Chef, ich habe da eine super Rückmeldung vom Kunden, der will noch mehr kaufen, da müssen wir nur noch dranbleiben."
- Und auch nach unten, vom Chef zum Mitarbeiter:
  Es werden kleine Erholungsphasen geschaffen, in denen Springer aushelfen, statt neue Leute einzustellen, um dem Personalschlüssel gerecht zu werden.

Das Verrückte und darum so Erfolgreiche beim Schieben ist, dass es kein großer Aufwand wäre, den Wunsch zu erfüllen oder der Forderung nachzukommen. Und da das Opfer (mindestens verbal) immer wieder angefüttert wird, kann es schlicht nicht glauben, dass dieses einfach nicht gemacht wird.

Besonders perverse Trickser haben es raus, immer mal wieder einen Wunschzettel und kleine Give-Aways (Trostpflastern gleicht) als Häppchen auszuteilen, um für ein fiktives Paket anzufüttern. Mit der Zeit schaffen sie es, den tatsächlichen Mangel zu vergrößern (der Trickser steht in immer größerer Schuld mit seinen Versprechen dem Opfer gegenüber) und dennoch die Hoffnung beim Opfer aufrechtzuerhalten. Auf Dauer kann sich das Opfer immer weniger wehren und wird so noch mehr mit sich machen lasen. Vielleicht hat das Opfer auch einfach schon zu viel investiert (monetär, zeitlich, emotional ...), um jetzt noch aussteigen zu können.

Fragen Sie sich:

- Was werde ich realistisch noch erhalten?
- Und wenn ich tatsächlich etwas bekomme, was bleibt, wenn ich den Preis dafür abziehe?

**Achtung** Bei Schiebern hilft nur Konsequenz — trennen Sie sich von solchen Tricksern und | oder lassen Sie den Trickser die volle Härte der Konsequenz spüren. Hören Sie auf, den Trickser oder vermeintliche andere Opfer zu schützen — Sie haben schon zu lange gerettet.

**Tipp** Die beste Prophylaxe gegen Schieber ist Unabhängigkeit. Haben Sie immer eine Alternative parat.

## Hase & Igel verkehrt

### Der Hase und der Igel

Ein Igel ging an einem sonnigen Sonntage im Felde spazieren. Da begegnete ihm der Hase, der ein wenig hochfahren den Gruß nicht erwiderte, sondern einen grausamen Scherz über die krummen Beine des Igels machte. Der ließ sich das nicht gefallen und forderte zum Wettlauf auf. Der Hase schlug ein, ganz sicher, diesen Lauf zu gewinnen.

Doch der Igel ersann eine List. Seine Frau sollte am Ende der Ackerfurche stehen, in der der Igel zu laufen hatte. Und so kam es, dass der Hase, der wie ein Sturmwind loslief, allein lief, denn der Igel machte nur drei Schritt und duckte sich dann in seine Ackerfurche und blieb dort ruhig sitzen.

Wann immer der Hase nun im vollen Lauf unten am Acker ankam, sprang die Igelfrau auf und rief: „Da bin ich schon!“
Der Hase stutzte und verwunderte sich: „Das geht nicht mit rechten Dingen zu.“ Doch er konnte den Igel nicht von seiner Frau unterscheiden und wusste nicht, wo der Fehler lag. Also verlangte er eine Revanche und schon rannte er mit fliegenden Ohren den Acker wieder hinauf. Dort rief ihm der Igelmann schon entgegen: „Hier bin ich schon!“
Außer sich vor Ärger verlangte der Hase einen weiteren Lauf. Der Igel stimmte zu: „Mir macht das nichts. Meinetwegen, sooft Du Lust hast.“

Und jedesmal, wenn der Hase oben oder unten am Acker ankam,

Berater und Führungskräfte können ein Lied von diesem Manöver singen.

Erst lockt man Sie nach rechts — dort angekommen, heißt es: „Nein, nein, das Problem ist doch links.“ — Nun gut, dann eben links; dort angekommen, heißt es: „Nein, nein, das Problem ist doch oben.“ — Aha, also oben, dann eben nach oben; dort angekommen, heißt es: „Nein, nein, das Problem ist doch unten.“... Um es kurz zu machen. Man schickt Sie immer wieder an einen anderen Buschbrand, man muss immer noch irgendwie was anderes vorher klären, bevor man sich an die Arbeit macht.

Selbst getroffene Vereinbarungen müssen immer wieder neu verhandelt werden, weil irgendwer nicht dabei war, weil irgendwas nicht bedacht war, weil sich irgendwas verändert hat, weil ...

'Hase und Igel verkehrt‘ sieht auf den ersten Blick nach aktiver Problemlösung aus. Doch der Einsatz des Tricksers erschöpft sich schon darin, auf einen vermeintlich wichtigen Punkt hinzuweisen.

**Tipp** Nicht so viel fragen, nicht so viel laufen, nicht so viel klären. Schaffen Sie Tatsachen den Tricksern gegenüber — die brauchen klare Ansagen!

## Handicap

Das Handicap des Tricksers soll — wie beim Golf die Spielstärke — seine Verantwortungs- und Einsatzstärke festlegen. Während man beim Golf allerdings stolz auf ein niedriges Handicap (also eine hohe Spielstärke) ist, ist der Trickser an einem möglichst großen Handicap (und damit einer möglichst niedrigen Verantwortungseinforderung) interessiert. Denn dann darf er verbal (und auch sonst) viel öfter zu- und abschlagen, ohne dafür zahlen, also Konsequenzen erfahren zu müssen.

Der Trickser verwendet sein Handicap, um die Verantwortung auf die anderen Beteiligten zu verteilen. Sprich alle außer ihm sind verantwortlich, wenn nicht sogar Schuld an Was-auch-immer. Sein Handicap soll ihn rechnerisch angleichen. So kann er durchaus gegen sein Opfer gewinnen, das besser spielt, kompetenter und zuverlässiger handelt und stärker Verantwortung übernimmt.

Das Handicap ist nichts weiter als die gute alte Mitleids-Masche. Im Notfall wird dann auch schon mal in tränenreicher Verzweiflung das persönliche Handicap präsentiert. Und dann ist plötzlich kein Raum mehr für Ihre Anfrage oder Forderung. Wenn Sie nicht hellwach sind, werden Sie sich dabei ertappen, mit dem Trickser mitzufühlen, seine Angst zu teilen und ihn zu trösten. Schwupp, sind Sie in der Retter-Rolle.

riefen der Igel oder seine Frau: „Hier bin ich schon!" Beim vierundsiebzigsten Male aber kam der Hase nicht mehr bis ans Ende.
Mitten auf dem Acker stürzte er tot zur Erde.

Igel und Igelfrau aber gingen vergnügt nach Hause. Und so kam es dass ein Igel einen Hasen totlief.

(Grimm & Grimm, 2000)

Ein Handicap ist das, was man in der Kriminalistik eine (unglaubwürdige) Schutzbehauptung nennt. Es soll den anderen in die Retter-Rolle locken, weil der Trickser ja so arm dran ist. Das Handicap wird immer gern dann eingesetzt, wenn die anderen Manipulationstechniken versagen und eine Konfrontation droht.

Handicap kann alles sein. Bei den Mamas und Papas unter den Tricksern sind selbstredend die Kinder das größte Handicap. Wenn Sie fordern, doch rechtzeitig zur Arbeit zu erscheinen, müssen Sie sich gefallen lassen, dass man Sie als kinderfeindlichen Karrieristen abstempelt. Auch Missbrauch ist als Handicap sehr beliebt — an dieser Stelle versäume ich nicht, wieder und wieder darauf hinzuweisen, dass ein echtes Missbrauchsopfer keineswegs damit hausieren geht. Sprich: Die, die von Missbrauch quatschen, sind die, die missbrauchen (und zwar Ihre Gutmütigkeit), nicht die, die missbraucht worden sind.

Wer sich nicht traut, so dick aufzutragen, hat halt sonst viel am Hals: Stress im Job, nervigen Partner, pubertierende Kinder (here we are again). In einer Beziehung wird auch gern vorgeworfen, dass der andere irgendwann einmal so sehr verletzt hat, dass der Trickser das einfach nicht verkraften kann.

Was auch immer die Gründe für seine Verantwortungsvermeidung sein mögen, sie sind unannehmbar und das Verhalten unentschuldbar, denn die perversen Manipulationen verursachen ernsthafte Störungen — in der Person, in der Familie, im Team, im Unternehmen.

## SchuldSchein

Bei diesem Manöver lassen Sie sich ein X für ein U verkaufen, denn der Schuldschein ist wortwörtlich das, was er sich nennt: der Schein von Schuld, nicht tatsächliche Schuld.

Retter und andere Trickser halten Ihnen ihre Rettungsaktionen gern schuldnerisch unter die Nase, um Dinge einzufordern, die Sie wohl versäumt haben müssen zu registrieren, als der Retter seinen 'interessant individuellen' Vertrag mit Ihnen abschloss. Diese Schuldbillets werden wie damals Rabattmarken eingelöst — neudeutsch: Pay-Back-Karte. Ein Retter sammelt gern eine ganze Menge Aktionen, um dann mit Fug und Recht selbst Forderungen durchdrücken zu können.

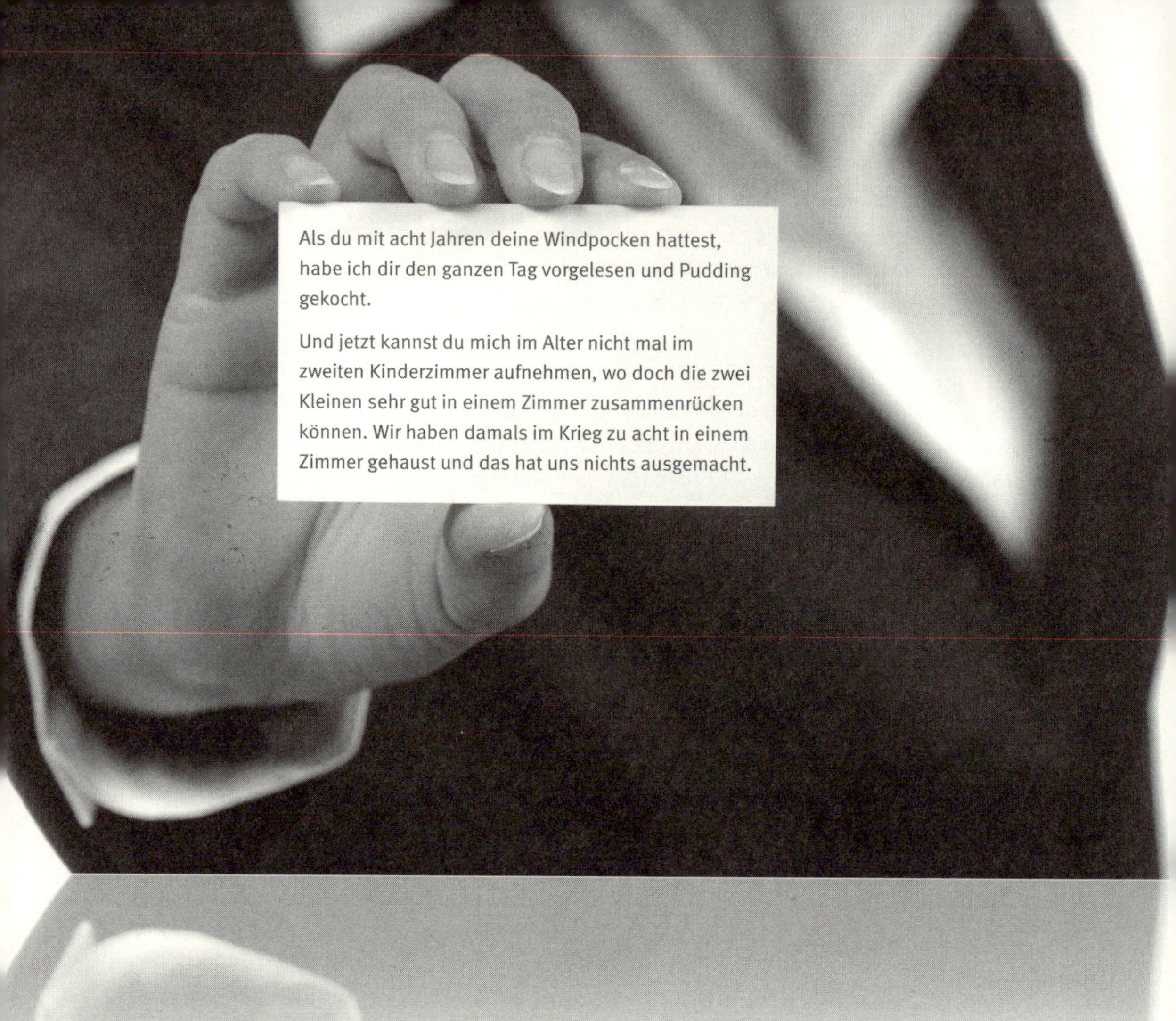


Selbstverständlich bietet Ihnen ein Retter seine 'Dienstleistung' als altruistisches Handeln an:

**Schritt 1** „Weißt du, da ist mir die Sache einfach total wichtig, da muss man mal was unternehmen!"

**Schritt 2** „Du, das ist total okay, wenn ich dir da helfe, da kann ich auch meine Themen so mit aufarbeiten! Das hilft mir ja auch selbst."

**Schritt 3** „Du, wegen der Sache, wo ich dir da geholfen habe, da müssen wir endlich mal über mein Honorar reden."

**Schritt 4** „Du, wo es dir jetzt ja besser geht (wahlweise: wo man ja sieht, dass da eh nichts mehr zu machen ist), ich krieg noch ein paar Tausend Euro von dir, für damals. Du weißt schon. Unter Freunden mach' ich's dir natürlich billiger. Ist doch klar. Nein, kein Ding, da bin ich Kumpel."

Beim SchuldSchein muss es nicht immer um Geld gehen — einigen Tricksern (vor allem den Mamas und Papas) sind Gefühle viel wichtiger. Dann haben Sie es mit emotionalen SchuldScheinen zu tun.

Emotionale SchuldScheine sind alte Kamellen. Menschen mit solchen SchuldScheinen sind 'emotionale Wiederkäuer'. Und ein angemessener Umgang mit diesen Tricksern und SchuldScheinen ist klarzustellen, dass der 'Drops längst gelutscht ist'. Sonst sitzen Sie zwei Tage vor der goldenen Hochzeit beim Paartherapeuten und lassen sich vorwerfen, dass Sie schon daaaaaaaaaaamals am Verlobungstag die Krawatte nicht ordentlich gebunden hatten und man sich deshalb auf Sie grundsätzlich nicht verlassen könne.

Die meisten Menschen sammeln nur ein paar emotionale SchuldScheine, um sich dann mit einem relativ kleinen Gegenwert zu begnügen: Sie haben dann Kopfweh, werfen Tassen kaputt, putzen einen Angestellten herunter, werfen ein kleines Geschenk in den Mülleimer ...

Doch anderen Tricksern geht es um höheren Einsätze. Sie sammeln und | oder fälschen so viele SchuldScheine, dass sie sich dafür einen kleineren oder größeren Exzess erlauben: den Wagen kaputtfahren, eine Liebesaffäre haben, das Geschäftskonto plündern ...

Freundlicherweise wird einem das Inkassoverfahren für SchuldScheine angekündigt mit Aussagen wie: „Ich habe das lange genug ertragen!" | „Jetzt reicht es aber." | „Jetzt habe ich aber die Nase voll!" | „Jetzt ist es genug." | „Mir langt es." Übersetzt heißt das, dass jemand findet, er könne nun an der großen Losbude des Lebens endlich seinen Preis abholen. Typischerweise ist der so genannte 'Tropfen, der das Fass zum Überlaufen brachte' eine Kleinigkeit gegen das, was der Trickser dafür einheimsen will.

Bei genauerem Hinschauen kristallisieren sich zwei Charaktertypen heraus:

**Typ 1** Der Drama-Opfer-Typ sammelt **gefälschtes Unrecht** und sagt:
„Sieh nur, was die mir angetan haben!"

**Typ 2** Der Verfolger- und der Retter-Typ sammeln **gefälschte Rechte** und sagen:
„Das können die mir nicht antun!"

Es gibt unter den Tricksern **Summenfälscher**, die die eingetragene Summe erhöhen, und es gibt **Scheckfälscher**, die den Scheck an sich fälschen. Je nach Phantasievermögen und Skrupellosigkeit vermag ein Trickser aus kleinen Gefälligkeiten ganz gewaltige einzufordern (Summenfälscher) oder aus dem Nichts eine unbegrenzte Anzahl gewünschter SchuldScheine herzustellen (Scheckfälscher).

**Tipp** Grenzen Sie sich ab!

Signalisieren Sie, dass Sie für das einstehen, was Sie tatsächlich versäumt, versaut oder verdorben haben.

Doch bleiben Sie klar in dem Punkt, dass Sie weder unmäßig emotionale Reaktionen akzeptieren noch für die Ärgernisse anderer (meist liegt die tatsächliche Schuld oder doch zumindest Verantwortung beim Trickser selbst) geradestehen werden.

**Erlaubnis** Wer „Nein“ sagt, sagt „Ja“ zu sich selbst.

## Januskopf

Der doppelgesichtige Trickser ist keine besondere Ausformung der Zwiespältigkeit, sondern des Jekyll-Hyde-Syndroms.

Die sich widersprechenden Charakterzüge sind für den Beobachter nicht miteinander vereinbar. Doch wahrscheinlich bekommt ein Beobachter die dunkle Seite des Tricksers nie zu Gesicht. Denn ein januskköpfiger Trickser wird seine fiesen Seiten immer nur unter vier Augen und Ohren zeigen.

Das Opfer allein wird Mr. Hyde ausgesetzt sein, die Öffentlichkeit, besonders die Meinungsmacher und Entscheider, werden nur den charmanten Dr. Jekyll kennenlernen. In der Öffentlichkeit wird der Trickser auch dem Opfer gegenüber ausgesucht freundlich sein. Sein Verhalten ändert sich in exakt dem Moment, in dem die beiden wieder allein miteinander sind: Furcht einflößend, aufbrausend und ungezügelt. Es wirkt wie der isolierte böse Teil, der aus dem Käfig gelassen wurde.

Diese beiden extremen Persönlichkeitsanteile wirken wir die Archetypen der Persona und des Schattens. Wobei die bei dieser Art von Trickser andersherum verteilt sind: Der so genannte Schatten ist die wahre Persönlichkeit. Was Außenstehende als Persona oder als die echte Person wahrnehmen wollen, ist nichts anderes als die Silhouette.

Die tugendhafte Fassade der Stütze der Gesellschaft ist die Deckung für die Neigung zur Gewalttätigkeit. Und ihr Schlüssel zur Macht ist die Geheimhaltung. Diese erfüllt viele Zwecke:

- Das Image des 'netten Menschen‘ wird nicht gefährdet.
- Gemeinsame Bekannte werden dem Opfer nicht glauben, vielleicht glauben ihm sogar die eigenen Freunde und Familienangehörigen nicht.

- Das Opfer fängt an, seiner Wahrnehmung zu misstrauen.
- Das Opfer gibt sich derart verunsichert sogar selbst die Schuld an den Übergriffen des Tricksers — denn zu allen anderen ist er ja nett und freundlich.

Die Wechsel zwischen Dr. Jekyll und Mr. Hyde können binnen Sekunden erfolgen, auch in unmittelbarer Nähe von potenziellen Zeugen. Zum Beispiel während Sie das Haus voller Gäste haben, in Ihrem Büro, während sich auf dem Flur lautstark die Kollegen tummeln, oder im Gedränge eines Kongresses.

TIPP Bringen Sie die dunkle Seite ans Licht. Erzählen Sie davon, bleiben Sie dabei sachlich und Sie werden weitere Opfer finden.

## LOVE-BOMBING

Love-bombing meint, dass der Charme des Tricksers das Opfer sprichwörtlich entwaffnet.

Beim Love-bombing werden Sie mit Nettigkeiten 'erschlagen'. Je subtiler dies geschieht, desto effektiver ist es!

Dieses Zuschütten mit Aufmerksamkeiten und Zuwendung soll Sie menschlich verpflichten und Ihre Wachsamkeit lähmen. Wer eng umarmt wird, kann sich auch nicht mehr frei bewegen – und das Beste daran ist, dass das Opfer es von sich aus auch gar nicht mehr will.

Das, was das Opfer als wunderbare Verzauberung wahrnimmt, ist in Wahrheit böse Hexerei, damit es die Zugbrücke herrunterlässt und der Trickser sein Trojanisches Pferd hineinführen kann — dann beginnt das Infozieren (siehe unten).

> Durch etwas Höflichkeit und Freundlichkeit kann man Menschen biegsam und gefällig machen.
>
> Sonach ist die Höflichkeit dem Menschen, was die Wärme dem Wachs.
>
> (Schopenhauer, 2007)

Sekten setzen dieses Manöver gern ein, um die Zielperson so besoffen zu schmusen, dass sie vergisst, wer ihre echten Freunde sind.

TIPP Bewahren Sie sich eine gesunde Skepsis bei allzu begeisterten (vor allem) neuen Freunden.

## Infozieren

Das Infozieren ist ein teuflisches Manöver. Sie werden mit Information infiziert. Auf diese Weise geraten Sie in das Fieber einer Gewissheit, die niemand anderes kennt – außer dem Trickser. Er manövriert Sie mittels ausgesuchter Fehlinformation, die er in homöopathischer Dosierung verabreicht, in eine Parallelwelt.

Sie erleben nicht die Welt, wie sie ist. Sie erleben nicht Ihre persönliche Welt, wie Sie sie von sich aus sehen würden. Sie erleben eine vom Trickser bearbeitete Version. Er zwingt Ihnen eine fiktive Realität (eine Illusion) auf. Sie werden nicht – können gar nicht – angemessen auf Situationen und Herausforderungen reagieren. Damit schaffen Sie sich (weitere) Probleme. Es ist wie mit einem Computervirus – irgendwie funktioniert alles nicht so richtig, doch für den einfachen Anwender ist gar nicht ersichtlich, was das tatsächliche Problem ist, denn an der Oberfläche (des Tricksers) ist ja alles in Ordnung.

Der Trickser verspricht offen oder verdeckt Abhilfe mit seiner für Sie modulierten Realität. Sie steigen tiefer in die Illusion ein. Reagieren wieder (und wahrscheinlich stärker) unangemessen auf bestehende und neue Herausforderungen. In diesem Teufelskreis verstricken Sie sich immer tiefer in Illusionen und Probleme.

„Was ist der widerstandsfähigste Parasit?
Ein Bakterium? Ein Virus? Ein Darmwurm?

Ein Gedanke! – Resistent, hoch ansteckend!

Wenn ein Gedanke einen Verstand erstmal infiziert hat, ist es fast unmöglich, ihn zu entfernen.

Ein Gedanke, der voll ausgeformt, voll verstanden ist, der bleibt haften."

Leonardo DiCaprio als Dom Cobb
Inception (Nolan, 2010)

Love-bombing und Infozieren weben Sie ein in einen Kokon, in dem Sie den Rest der Welt nur durch die Verzerrungslinse des Tricksers wahrnehmen. Mit Bedacht hat er Sie in eine Illusionswelt umgesiedelt, in der Fakten und Fiktionen miteinander verschwimmen.

Wenn Sie dies (oft erst nach Jahren) bemerken, ist es nicht unwahrscheinlich, dass Sie (im zweiten und dritten Härtegrad) so stark infoziert sind, dass Sie nicht mehr über die Kraft verfügen, sich der echten (für Sie nun womöglich vollkommen verworrenen und verzwickten – bankrotten) Realität zu stellen. Dann bleiben Sie trotz besseren Wissens auf Verderb – nicht auf Gedeih – bei Ihrem Trickser.

Doch untergehen werden Sie alleine, denn der Trickser wird rechtzeitig auf einen anderen 'Wirt' springen.

## Mikado

Mikado ist ein bekanntes Geschicklichkeitsspiel. Der Trickser spielt es mit unterschiedlichem Einsatz und Härtegrad.

So gibt es das harmlose MorgenMikado: Wer sich zuerst bewegt, muss Frühstück machen.

Doch bei bösartigen Tricksern haben wir es mit der perversen Version zu tun. Das Opfer ist dann nämlich das letzte Stäbchen, das übrig bleibt. Und weil das letzte Stäbchen in diesem Geschicklichkeitsspiel gar nicht berührt wird, erfährt das Opfer auch als Allerletzter, dass es allein und nackt auf dem Boden liegt. Niemand ist mehr da, niemand kann und will noch helfen. Jetzt kann der Trickser erst so richtig drauftreten, und niemand wird stören und niemanden wird es stören.

Bei diesem Manöver wird Ihr Netzwerk geschickt und mit spitzen Fingern auseinander gepflückt. Dabei wird jeder Kontakt einzeln bearbeitet, ohne dabei die anderen Personen zu berühren. So sichert sich der Trickser einen möglichst langen Ausbeutungszeitraum und Ruhe vor Rettern aus Ihrem Netzwerk. Sobald jemand aus Ihrem Netzwerk 'wackelt', also argwöhnisch geworden ist, werden die Auflösungstechniken sofort unterbrochen, bis der Wachsame sich wieder zur Ruhe begeben hat.

Mikado soll das Opfer langsam und stetig zermürben. Jeden Tag zieht der Trickser das Opfer emotional ein bisschen mehr aus, bis es splitternackt dasteht, mutterseelenallein, und glaubt, gegen eine Chimäre zu kämpfen, ein Hirngespinst, das nur in seinem Kopf existiert. Das Opfer fängt an, den Verleumdungen zu glauben, die es als einen Versager hinstellen — als einen, der sich mit denen anlegt, die es zu etwas gebracht haben, und sie aus Frust Betrüger nennt.

Erst jetzt begreift das Opfer, dass der Trickser mit ihm gespielt hat, wie man Mikado spielt, dass es nicht mitbekommen hat, was lief und was die Zeichen bedeuteten. Am Ende ist das Opfer ganz allein und muss aufpassen, vor Einsamkeit nicht schier verrückt zu werden, denn das ist eine Gemütslage, die es sich nicht leisten kann.

Alle Rettungsleinen sind entzogen, denn niemand glaubt, dass dieser charmante, 'nette', hilfsbereite, erfolgreiche Mensch (Trickser) so unglaublich grausam und absichtlich verletzend sein kann.

TIPP Sie brauchen Kontakte, Kontakte, Kontakte! Bauen Sie sich große, stabile Netzwerke auf, mit wohlwollenden, aufmerksamen Menschen. Ihr Netzwerk sollte aus mehreren eigenständigen Zirkeln bestehen. Das erhöht Ihre geistige Gesundheit und verschafft Ihnen ein Auffangnetz für den eventuellen freien Fall.

# machenschaften

Trickser lieben die Kontrolle. Haupthebel ist das Abkoppeln des Opfers von Ressourcen. Besonders interessant sind dabei Ressouren, die Autonomie, Wohlbefinden und Integrität sichern.

Von versierten Tricksern wird die Kontrolle auf sehr subtile Art und Weise ausgeübt werden. Einzeln betrachtet, wirken einige von ihnen vollkommen harmlos. Doch spätestens wenn Sie entdecken, dass mehrere bis (fast) alle Strategien angewandt werden, wissen Sie, dass es sich um Machenschaften zur Kontrolle eines Opfers handelt:

1. Kontrolle des Zeitmanagements
2. Kontrolle des physischen und sozialen Raumes
3. Kontrolle über finanzielle und materielle Ressourcen
4. Kontrolle durch Körpersprache und Gestik
5. Kontrolle durch Definition der Realität
6. Kontrolle durch Definition der Motivatoren
7. Kontrolle durch Schuldzuweisung
8. Kontrolle durch Statuszuweisung

### Kontrolle Ihres Zeitmanagements

Es verpasst dem Trickser einen Macht-Kick, die Oberhand über Ihr Zeitmanagement zu haben. So wirft er Ihre Zeitpläne über den Haufen und weigert sich, seine Zeitpläne abzustimmen.

### Kontrolle Ihres physischen und sozialen Raums

Hier geht es nicht um Ihr Wohnzimmer, sondern den Bereich, den Sie für sich haben: räumlich, sozial (Kontakte und Freunde) und psychisch (eigene Interessen). Ein Trickser wird (erfolgreich) versuchen, in Ihre Räume einzudringen, um diese dann für sich zu beanspruchen.

### Kontrolle der materiellen und finanziellen Ressoucen

Wenn jemand die Finanzhoheit, die Macht über Büromittel oder was auch immer an sich reißt und Sie um etwas bitten müssen, was Ihnen definitiv zusteht, so ist das gewollte Demütigung.

### Kontrolle durch Körperhaltung und Gestik

Ein 'erfahrener Täter' muss nicht immer etwas sagen, um verletzend und|oder kontrollierend zu sein. Er kann auch seinen Körper einsetzen – ganz ohne physische Gewalt: schmollen, sich weigern, mit dem anderen zu sprechen, Entzug von Aufmerksamkeit, aus dem Raum stampfen ...

### Kontrolle durch Definition Ihrer Realität

Der Trickser negiert die Wahrnehmung des Opfers und ersetzt sie durch die seine. Wenn Sie diese Angriffe nicht deutlich abwehren, werden Sie schnell beginnen, Ihrer eigenen Wahrnehmung zu misstrauen. Immer wieder wird der Trickser Ihnen sagen, was Ihre Gefühle, Ansichten, Motive und Wahrheiten sind. Am Ende bleibt Ihnen nur noch Kleister im Gehirn.

### Kontrolle durch Definition der Motivatoren

Kennen Sie das? „Du suchst nur nach Streit“, „Du willst mich einfach nur schlechtmachen“, „Du willst einfach nicht zugeben, dass ...“, „Das machst du doch nur, weil ...“.
Häufig sind diese untergejubelten vermeintlichen Intentionen derart irrational, dass einem wirklich nichts mehr dazu einfällt. Auf die Gegenfrage „Wie kommst du darauf?!“, klingt die Antwort beim ersten Hinhören vielleicht noch schlüssig und plausibel, bei genauerem Hinsehen wird klar: Das ist großer Nonsens.

### Kontrolle durch Schuldzuweisung

Sie sind Schuld an ... allem. In seinem Streben nach Kontrolle und Überhand wird der Trickser implizit oder explizit vermitteln, dass Sie Schuld sind an allem, was nicht gut läuft. Die Verantwortungs- und Schuldverschiebung wird in kleinen Dosen verabreicht – besonders gern, wenn Zeugen zugegen sind. Wenn Sie sich wehren, sind Sie sogar noch Schuld an der schlechten Stimmung.

### Kontrolle durch Statuszuweisung

„Du bist nichts, du kannst nichts, du hast nichts.“ Anfangs erkennt man noch die Absurdität und den Irrsinn derartiger Aussagen. Der Trickser wird sie deshalb anfangs etwas gefälliger verpacken. Doch das langfristige Ergebnis: abnehmender Selbstwert, zunehmende Abhängigkeit bis hin zur Dankbarkeit, dass er trotzdem noch mit Ihnen arbeitet oder bei Ihnen bleibt.

# machtspiele

Machtspiel — Spiel liest sich ja erst einmal recht nett, doch es ist eine ernste Angelegenheit. Für das Opfer wird es ernst, und der Täter meint es auch ernst, wenngleich er (besonders der Meister-Manipulator) nicht mehr Emotionen investiert als in einen guten Spieleabend. Lustig aber ist es für keinen der Beteiligten.

Der Trickser will das Opfer kontrollieren, um es sich für die eigenen Zwecke gefügig und nutzbar zu machen. Machtspiele kann man also auch als Manöver verstehen. Hier wird nicht offen ausgehandelt, hier haben nicht beide Seiten die gleichen Chancen. Hier lässt man Muskeln und Mimikry spielen.

Machtspiele sind gespickt mit Abwertungen und reine Manipulation. Die Machtspiele sollen dem Trickser die (Kontroll-)Macht erhalten, Einfluss garantieren und Status sichern. Nicht selten als Kompensation eigener Scham, Ohnmacht, Hilflosigkeit oder Unsicherheit. Da Trickser weder mit sich selbst im Reinen sind noch sich angemessen auf andere beziehen können, missbrauchen sie ihr Umfeld für ihr Ego.

Es gibt ebenso viele Machtspiele, wie es Menschen gibt.

Freundlicherweise lässt sich dieses reichhaltige Angebot in übersichtliche vier Schubladen sortieren (Steiner, 1981).

1. Alles oder Nichts
2. Einschüchterung
3. Lügen
4. Passivität

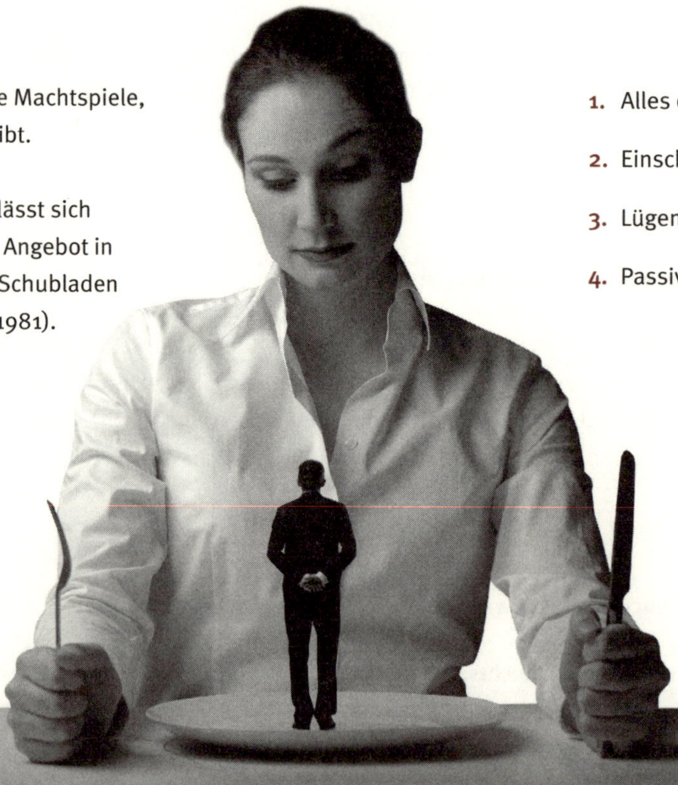

Da die Kategorie LÜGEN zu den bösartigsten Machtspielen gehört und die Basis allen Trickserverhaltens ist, werden wir uns besonders auf sie konzentrieren.

## Alles oder Nichts

Diese Kategorie von Machtspielen ist die erpresserische Variante des Entweder-Oder.

Entweder Sie tun alles, was der Trickser verlangt, oder Sie werden einen herben Verlust erleiden.

Beim Raubüberfall heißt es „Geld oder Leben!“, im Vertrieb heißt es „Die Zahlen stimmen oder Sie fliegen!“, im Management heißt es „Einsparen oder seinen Hut nehmen!“, in Tarifverhandlungen heißt es „Lohnerhöhung oder Streik!“ und so weiter und so weiter.

In einer Beziehung heißt es: „Wenn du mich wirklich liebst, wirst du ...“

In dieser Kategorie der Machtspiele wird manipulativ mit der Angst des Gegenübers gearbeitet. Je größer die Angst vor dem angedrohten Verlust, desto besser kann das Machtspiel funktionieren.

Besonders beliebte Varianten des 'Alles oder Nichts' sind:

### Den Ball wegnehmen

„Entweder wir machen das Projekt jetzt so und so – oder wir lassen es ganz."
Dieses Spiel kennen alle von früher: Wenn Fritzchen nicht der Spielführer sein darf, dann nimmt er uns den Ball weg und keiner kann mehr Fußball spielen.

### Der schmollende Riese

„Dann sehen Sie doch zu, wie weit Sie ohne mich kommen."
Hier wendet sich der Trickser beleidigt ab und zeigt die kalte Schulter. Wenn Sie sich hier Ihre Schuldgefühle ausbeuten lassen, erleben Sie sich schnell auf Knien um Gnade flehen.

### Ich lasse nicht mehr mit mir reden

„Ende der Diskussion!", „Das wird jetzt so gemacht und basta!"
Hier wird jede Zusammenarbeit eingestellt. Der Trickser hört nicht mehr zu, geht weg oder stellt sich taub.

### Den Spiess umdrehen

„Ganz wie Sie wünschen!"
Hier übertreibt der Trickser die zugedachte Rolle und gibt sich betont ergeben. Es trieft vor falscher, devoter Hingabe.

Die Zurschaustellung der Unterordnung ist passiver Widerstand nach dem Motto: Ich tue zwar, was du verlangst, aber du wirst schon sehen, was du davon hast – ein elendig schlechtes Gewissen. Wollen wir doch mal sehen ob du dich das noch einmal traust.

Bei diesem Alles-oder-nichts-Prinzip wird entweder vollständig alles (wenn man brav ist und sich dem Trickser unterordnet) möglich (natürlich nur alles von dem, was der Trickser will, nicht alles von dem, was Sie wollen) oder gar nichts. Es gibt kein Mittelmaß, nur hopp oder topp, ganz oder gar nicht, drin oder draußen, schwarz oder weiß ...

Alles oder nichts arbeitet mit dem 'guten' und alten Prinzip des Druckmachens: emotional, zeitlich ...
Sie kennen das ja aus der Werbung: „Dieses Angebot gilt nur noch heute!" Erreicht werden soll,

dass Sie nicht mehr richtig nachdenken, sondern aus Angst, etwas zu verlieren (und sei es nur eine SuperChance), blind zugreifen und bezahlen, gewähren, zusagen ...

Das alles wollen Sie nicht mehr mitmachen?

Dann stelle ich Ihnen die für den Ausstieg alles entscheidende Frage: Können Sie verzichten?

Nur wenn Sie wirklich auf das verzichten können, was der Trickser Ihnen androht zu entreißen, dann sind Sie wahrhaft immun gegen dieses Machtspiel. Beantworten Sie sich die Frage ehrlich: Sind Sie willens und in der Lage, darauf zu verzichten? Wenn Sie nur bluffen, kann der Schuss nach hinten losgehen. Vorsicht!

Trickser: „Wenn ich nicht Stürmer sein darf, dann nehme ich euch den (meinen) Ball weg!"
RICHTIGE ANTWORT „Okay, lasst uns was anderes spielen."

Trickser: „Diese Angebot gilt nur heute, morgen kann ich Ihnen für nichts mehr garantieren!"
RICHTIGE ANTWORT „Gut, ich mag das Risiko."

Trickser: „Dann sehen Sie doch, wie Sie ohne mich weiterkommen!"
RICHTIGE ANTWORT „Ja, das ist eine schöne Herausforderung."

## Einschüchterung

Diese Machtspielkategorie arbeitet ebenfalls mit Angst. Hier wird die Angst, etwas zu erleiden, benutzt, um jemanden gefügig zu machen. Beide Machtspielvarianten 'Alles oder Nichts' und 'Einschüchterung' sind sich recht ähnlich und treten gern kombiniert auf.

Wo keine gütliche Einigung erreicht und keine gemeinsame Basis gefunden wird oder es dem Trickser einfach zu anstrengend ist zu diskutieren, greift er zum Mittel der Gewalt: Drohungen, Erpressungen, Zerstörung von Eigentum ...

Bis man sich daran gewöhnt, zu denken, wie die, die eine Geste oder ein Wort übelnehmen könnten. Aufpassen, vorsichtig sein, schweigen, um das eigene Leben zu retten, um die Hochspannungsleitung der Rache nicht zu berühren.

(Saviano, 2009)

Einschüchterung lässt sich platt und grob betreiben, indem man die nackte Angst des Menschen ausbeutet und im schlimmsten Fall auch tatsächlich eine Bedrohung besteht, durch einschüchternde Gesten, Prügel, Misshandlung oder Vergewaltigung. Dies ist die so genannte Mafia-Methode, wer stört, wird umgebracht.

Einschüchterung lässt sich aber auch subtil betreiben. Da wird nicht offen mit Gewalt gedroht, aber das symbolhafte Deutlichmachen, es könnte Gewalt passieren – das schüchtert ein. Und unser Alltag ist so sehr von

Einschüchterungen durchsetzt, dass wir diese subtilen Varianten kaum noch bewusst registrieren. Doch allen Variationen dieses Themas, von trampelig bis subtil, ist ein Motto gemeinsam: Ignoranz vor Toleranz!

## Verbale Einschüchterung

Durch schnelles Reden, Lautstärke und Wut in der Stimme wird der Gesprächspartner eingeschüchtert. Dies wird auch gern durch einen Sprachstil erreicht, der durchsetzt ist von Beleidigungen und versteckten Drohungen. Die Sprache wird entstellt, allein schon die Klangfarbe impliziert Hintergedanken. Die Wörter sind ohne Bedeutung, allein die Bedrohung zählt.

**Achtung** Schon Schopenhauer hat uns darauf aufmerksam gemacht, dass wann immer ein Gesprächspartner in der Sache (ad rem) nicht weiter kommt, er die Person (ad hominem) angreifen wird.

**Tipp** Bleiben Sie bei der Sache, je mehr sich der Trickser auf das Beleidigen und Einschüchtern konzentriert, desto mehr haben Sie ihn in die Enge getrieben. Dies ist ein gutes Feedback Ihrer tatsächlichen Stärke in der Situation — lassen Sie sich nun nicht ablenken.

## Schlaubi Schlumpf

Selbst in Schlumpfhausen gab es schon einen nervigen Nerd. In dieser Kategorie der Machtspiele geht es aber nicht um echte Streber, sondern um MöchtegernSchlaue, wie beispielsweise wirres Neusprech redende Jungmanager.

Ihre Fachsprache ist abstrakt und dogmatisch. Der Zuhörer soll nicht mitreden können. Die Sprache soll ihn ausschließen und ihm gleich zeigen, dass er einen niedrigeren Status hat. Meist hat das den Erfolg, dass Zuhörer eingeschüchtert sind und sich nicht mehr trauen, kritisch nachzudenken und zu hinterfragen.

Sind Sie manchmal nach Erklärungen dümmer als vorher? Dann hatten Sie es mit Schlaubi-Schlumpf zu tun. Denn worauf es bei der einschüchternden Rede des Tricksers ankommt, ist mehr die Form, denn der Inhalt: gelehrt erscheinen, um von Unfähigkeit abzulenken!

## Gleichnisse

Sie gehören zu den subtilsten Formen verbaler Einschüchterung. „Müller, Sie sind ein Weichei!" Trifft eine solche Abwertung auf ein ohnehin schon geringes Selbstvertrauen, dann wird eine Flut von Schuldgefühlen und Zweifeln ausgelöst.

In diese Untergruppe gehören auch beleidigende Spitznamen, wie 'Walze' für die füllige Valerie aus der Lindenstraße.

### Den Faden abschneiden

Indem man seinen Gesprächspartner beständig unterbricht und seine Gedanken durcheinanderbringt, verunsichert man ihn.

### „Das meinen Sie doch nicht im Ernst!"

... im entsetzten Unglauben gesprochen hat eine enorme Hebelwirkung, die Selbstzweifel auslösen soll.

### Mit der Logik spielen

Punkt für Punkt wird scheinbar logisch verworfen, was der Gesprächspartner vortrug. Dieser Stapel logisch klingender Täuschungen wirkt einschüchternd. Nicht selten tritt der Machtspieler als geduldiger Lehrer auf, der seinen dummen Schüler zum angeblich richtigen Schluss führt. Wenn jeder Satz noch mit einem „Nicht wahr?" oder aufmunternden Blick begleitet wird, ist nicht selten, dass der 'Schüler' tatsächlich reflexartig nickt und sich willig führen lässt.

### Die Informationsquelle diskreditieren

Ist die Informationsquelle nichts wert, ist auch automatisch der Inhalt des Argumentes entwertet. So erspart man sich die Auseinandersetzung mit einem Argument, Wunsch oder überhaupt mit einer Person.

**Wichtig** Lassen Sie sich nicht dadurch einschüchtern, dass jemand laut auftritt. Auf dem Hundeplatz ist der Dackel auch der Lauteste.

In den höheren Härtegraden verlässt sich der Trickser nicht nur auf das Androhen negativer Konsequenzen, um sein Ziel durchzusetzen. Die ganz Skrupellosen drohen nicht – das tun in ihren Augen nur die Schwachen –, sie schaffen Tatsachen: mit Brutalität und Sanktionen. Logischerweise reagiert das Umfeld mit Angst.

An dieser Stelle sei erwähnt, dass sich das Einschüchtern an sich und als solches aus drei Motiven speisen kann.

### 3 Motive der Einschüchterung

1. **Defensive Einschüchterung**
   Sie ist pragmatisch motiviert.
   Der andere soll in die Enge getrieben werden, damit er nichts ausplaudert oder dem Trickser sonstwie in die Quere kommt.

2. **Aggressive Einschüchterung**
   Diese Form der Einschüchterung ist emotional motiviert.
   Sie dient dazu, das Opfer klein zu machen, damit sich der Trickser groß zu fühlen kann.

3. **Offensive Einschüchterung**
   Hier geht es um eine sexuelle Motivation, es ist die sadistische Lust am Quälen.

# Lügen

Lügen machen sich die Leichtgläubigkeit der Menschen zunutze. Zudem wird massiv die Angst vor Konfrontation ausgenutzt. Wer sagt jemandem schon gern ins Gesicht: „Du lügst mich an!"

Lügen sind die wirksamste Einzelmethode, das Opfer um Verstand und Selbstbehauptung zu bringen. Lügen verfälschen die Wahrnehmung und sind damit eine besondere Gefahr für die persönliche Gesundheit. Sie können den Verstand verwirren und in Verfolgungsängste treiben. Kurz: Lügen haben das Potenzial, jemanden verrückt zu machen.

Doch was ist eine Lüge?

Die Unwahrheit, die Teilwahrheit und das Fehlen von Wahrheit, wenn diese Wahrheit relevant ist! Noch einmal: Jemand lügt, wenn er definitiv die Unwahrheit spricht. Jemand lügt, wenn nur ein Teil seiner Aussage der Wahrheit entspricht. Und jemand lügt, wenn eine für die Frage oder Situation relevante Information zurückgehalten wird.

Was das Lügen angeht, sind wir derart desensibilisiert, dass wir gar nicht mehr davon ausgehen, dass jemand die Wahrheit spricht. Oder euphemistisch gesprochen: Wir sind, was das Lügen anbelangt, sehr flexibel geworden. Ist es nicht so? Wenn Sie morgens ins Büro kommen. Wie lautet die erste Frage? Natürlich: „Wie geht es Ihnen?“ „Danke, gut!“ wird zu 99% die Antwort sein. Etwas anderes erwarten Sie auch nicht, Gott bewahre, dass jemand nun auspackt und von all seinen Sorgen berichtet. Dies ist oft die erste Lüge am Arbeitstag.

Doch wer kennt das nicht?

Wenn ich jetzt die Wahrheit sage, denn bekomme ich erst so richtig Probleme: Sie wird sich aufregen, er kann kaum noch an sich halten ... Und dann fragen Sie sich: Soll ich das wirklich tun? Ist uns allen nicht mehr geholfen, wenn ich einfach etwas auslasse, eine Notlüge erzähle, eine Geschichte erfinde?

Was meinen Sie? Wann darf man lügen, wann nicht? Darf man überhaupt lügen? Das ist eine Frage Ihrer Ethik.

Hand aufs Herz. Ist es nicht eher so, dass wir nach Ausflüchten suchen, um uns vor Konfrontationen und unangenehmen Situationen zu schützen? Und dazu ist so manchem jedes Mittel recht, und sei es eine Lüge. Da gibt es die Ausrede, Notlügen seien erlaubt und barmherzige Lügen kein Kavaliersdelikt, sondern Nächstenliebe.

Lügen schwächen Sie und Ihre Mitmenschen. Lügen kommen immer irgendwann ans Tageslicht und kosten Sie den Verlust von Vertrauen. Und das Vertrauen eines Menschen zu verlieren ist ein nicht wiedergutzumachender Verlust.

Doch zurück zu den Tricksern.

Alles, was der Trickser tut, hat mit Lügen zu tun. Er ist nicht interessiert, Ihnen die Wahrheit zu sagen. Er verfolgt nur ein Ziel: Ihnen eine Gewissheit (einen Glauben, eine Meinung) zu verschaffen, die ihm helfen wird, seine Ziele zu erreichen. Und Sie wissen ja: Übung macht den Meister. Der Trickser wird zunehmend eleganter lügen. Und wenn wir ehrlich sind, dann kennt der Trickser nichts anderes als leeren Lipservice.

Der geübte (pathologische) Lügner ist irreführend und dabei unendlich überzeugend. Es fällt ihm leicht, sich der Verantwortung für seine Unwahrheiten zu entziehen. Droht man, ihm 'auf die Schliche zu kommen‘, schafft er es immer wieder — oft unter Einsatz weiterer Lügen —, sich aus der Affäre zu ziehen. Seine vermeintlich objektive Erinnerung dient nur einem Gebieter: ihm selbst. Besteht kein anderer Ausweg, streitet er alles ab: „Du bist verrückt, hast die Realität verloren, siehst weiße Mäuse.“

**Gegenmassnahme** Verifizieren Sie die Aussagen des Tricksers woanders, an neutraler dritter Stelle. Vertrauen Sie ihm nichts an, was er gegen Sie verwenden kann — er wird es tun! Lassen Sie sich nicht in Diskussionen verstricken und stellen Sie keine weitere Fragen — er wird Ihnen nur noch mehr Lügen erzählen. Gehen Sie aus dem Kontakt.

**Tipp** Bei überführten Lügnern gilt die Umkehr der Beweispflicht!

Ein Trickser wird seine Lügen klug dosieren. Wie in der Medizin wird er gerade so viel Lüge verabreichen, um die Zweifel des Opfers zu betäuben und ruhigzustellen. Ist die Lüge zu gering dosiert, wird die Situation nicht gesichert, sondern gefährdet. (Darum übt der Trickser mit Ihnen schon gleich zu Beginn Ihres Kontaktes, um Ihr persönliches System abzuchecken, daraus berechnet er Diagnose und Indikation.)

Die Lüge ist ein Fieber, das die Wahrnehmung schwächt und die Phantasie schärft und lenkt. Hat die Illusion lange genug gedauert, sind Geist und Glaube imprägniert, und das Opfer sieht noch lange die Illusion (Freud nannte das so freudlos Objektpräsenz). Denn irgendeine Vorstellung muss das Opfer (der Bauer) ja schließlich haben, wenn er seine Arbeit mit Verstand verrichten soll, andererseits aber auch keine allzu genaue Vorstellung, wenn er ein brauchbarer und gleichzeitig zufriedener Bauer im Spiel sein soll. Die kleinen Einzelheiten sind es bekanntlich, die tüchtig und glücklich machen. Der Gesamtüberblick würde den Betrug nur gefährden.

Die Veränderung der Wahrheit ist für den Trickser aus zwei Gründen notwendig, von denen der erste nebensächlich und gewissermaßen präventiv ist.

1. Der Nebengrund besteht darin, dass das Opfer die gegenwärtigen Zustände zum Teil deshalb duldet, weil ihm die Vergleichsmaßstäbe fehlen.

2. Doch der weitaus wichtigere Grund für die Angleichung der Wahrheit besteht in der Notwendigkeit, die Unfehlbarkeit des Tricksers zu garantieren.

Viele gut ausgedachte Argumente helfen, den Irrsinn zu vernünfteln und aus seiner Gier den Posten eines seltsamen moralischen Kalküls zu machen — so bringt man sein und des Opfers schlechtes Gewissen zum Schweigen.

Hier beliebte Varianten des Tricksens, Täuschens und Tarnens mittels Lügen:

### Lügen durch Auslassung und Halbwahrheit

Es ist das Prinzip des Verheimlichens. Hier werden Informationen zurück gehalten, ohne wirklich die Unwahrheit zu sagen.

Indem man aber relevante Informationen unter den Tisch fallen lässt, bekommt alles einen völlig anderen Charakter. Man lässt jemanden gern etwas glauben, ohne es direkt zu bestätigen — am Ende wird er schon sehen, wo er nicht genau hingeschaut hat — selbst schuld?!

### Lockvogel

Hier werden Sie über einen Lockvogel oder einen Blickfang vom eigentlichen Thema abgelenkt. Sie werden mit einem Nebenkriegsschauplatz beschäftigt, damit Sie nicht hinter die Scharade blicken. Sie schauen nach rechts und merken nicht, dass Sie links etwas untergeschoben bekommen.

So mancher, der in einer Trickser-Beziehung gefangen ist, lenkt seine Aufmerksamkeit selbst auf eine zukünftige illusorische Welt und achtet nicht auf das, was ihm im Hier und Jetzt geschieht. Dies ist das Prinzip Lockvogel, ein klassisches Ablenkungs- und Bindungsmanöver.

### Amnesie

Ein Trickser muss nicht zwangsläufig offen lügen. Es ist weitaus effektiver, Vereinbarungen oder Versprechungen zu 'vergessen'.

Das Vergessen funktioniert natürlich nur so, dass es allein zum Problem des Opfers wird. Dem Trickser passiert das bei ihm wichtigen Dingen erstaunlicherweise nie. Das Vergessen ist also kein — uups — Zufall, sondern eine passiv-aggressive Ohrfeige.

### Klatsch & Gerüchte

Gerüchte haben nur eine Funktion: Sie dienen der Verbreitung!

Hinter Ihrem Rücken wird etwas in Umlauf gebracht. Automatisch ist es damit Wirklichkeit geworden. Ob dies den Tatsachen entspricht oder nicht, ist irrelevant — das Thema ist in die Welt gesetzt, und Sie werden es nie wieder los.

So viel können Sie gar nicht dementieren, so viel können Sie gar nicht prozessieren. Sie können sich des Tricksers auch nicht erwehren, indem Sie an ihn appellieren.

Dem Klatsch dürfen Sie nicht hinterher laufen, Sie holen ihn doch nicht ein. Sie müssen ihm von vorn begegnen. Sie müssen 'positiv' werden.

TIPP Ein Gegengewicht kann den Ozean von Klatsch und Tratsch nicht eindämmen. Das soll es auch gar nicht. Es soll der stets wachsenden Gemeinde an Klatschmäulern einen Orientierungspunkt setzen, der die (noch verbliebenen) Freunde rechtfertigt. Dann nämlich können auch die wildesten Gerüchte wieder nützen, weil die Empörung darüber die Gemeinde zusammenschweißt.

## Verfälschen

Beim Verfälschen werden nicht nur wahre Informationen zurückgehalten, sondern der Lügner geht noch einen Schritt weiter, indem er falsche Informationen so präsentiert, als seien sie wahr.

Hat ein Trickser die Wahl, entweder etwas zu verheimlichen oder aber zu verfälschen, wird er regelmäßig das Verheimlichen vorziehen, weil das einfacher zu bewerkstelligen ist. Es hat den Vorteil, dass der Trickser sich nicht eine neue (Teil-)Geschichte erfinden oder verdrehen muss, die es später möglicherweise noch einmal identisch wiederzugeben gilt. Der Trickser vermeidet so das Problem, sich in Widersprüche zu verstricken und dann möglicherweise ertappt zu werden.

## Potemkinsche Dörfer

Diese subtile Form, die dem Trickser den innerlich größten Triumph beschert, ist die Lüge in Form einer Attrappe — auch als Potemkinsche Dörfer bekannt.

Als Potemkinsches Dorf wird etwas bezeichnet, das fein herausgeputzt wird, um den tatsächlichen (verheerenden) Zustand zu verbergen. Oberflächlich wirkt es ausgearbeitet und beeindruckend, es fehlt ihm aber an Gehalt. Es sind Kulissen ohne Leben, Silhouetten ohne Substanz. Dem Opfer wird vorgegaukelt, ein Original zu sehen, doch nur die Oberfläche, die Fassade stimmt.

Auch die Schönheitsindustrie bietet Attrappen für jeden Geschmack: Perücken, künstliche Wimpern, implantierte Zähne, farbige Kontaktlinsen, Brusthaartoupets und Push-Up-BHs. Das ist schon alltäglich. Doch in einem anderen Zusammenhang wären wir nicht so gnädig im Urteil, wenn es nämlich um gefälschte Beweise geht: den Leumund gekaufter Förderer, selbst geschriebene Zeugnisse, phantasierte Erlebnisse ...

Zu den Potemkinschen Dörfern gehört auch das Slang-dropping. Da wird an entscheidender Stelle ein richtiges Fachwort (Slang) fallen gelassen, um Kompetenz vorzutäuschen. Nicht selten gibt der Trickser zu verstehen, dass er Bescheid weiß, indem er einen Satz anfängt, den er in der Schwebe lässt, oder indem er schweigend mit dem Kopf nickt.

## Statistiken

Für alles und jedes gibt es eine Statistik. Und eine Statistik, die das eine beweist, hat mindestens eine Gegenstatistik, die das Gegenteil belegt.

Sofern Sie sich nicht mit der Erstellung einer solchen Statistik auskennen, werden Sie Schwierigkeiten haben, diese korrekt zu lesen. Wer eine Statistik erstellt hat, weiß, wie einfach man diese über gezielte Fragestellungen in jede beliebige Richtung beeinflussen kann.

## Scratchen

Der Trick bei dieser Form des Lügens besteht darin, stets zweigleisig zu fahren und das Lügen niemals aufzugeben.

Die Camorra aus Aberdeen nennt diesen Vorgang 'Scratchen'. Wie Rapper oder DJs die laufende Schallplatte auf dem Plattenspieler rhythmisch hin und her bewegen, unterbrechen die camorristischen Unternehmer kurzzeitig den Kreislauf der legalen Wirtschaft. Sie unterbrechen ihn, scratchen, und setzen ihn dann erneut in Bewegung, noch schneller als zuvor.

Jedes mal, wenn die legalen Aktivitäten, die wahren Informationen, in eine Krise geraten, wird sofort auf die kriminelle Ebene, auf das Lügen, umgeschwenkt: Wenn man nicht flüssig ist mit Erklärungen, erfindet man sich welche, braucht man kurzfristig Unterstützung, werden Claqueure gekauft ... Die Konkurrenz wird durch Einschüchterung und Erpressung ausgeschaltet.

Den Kreislauf der wahren Information zu scratchen garantiert dem Trickser ein konstant aufsteigendes Karriereniveau, stetig positive Aufmerksamkeit und Anerkennung. Scratchen macht den ökonomischen Imperativ durchlässig zwischen dem, was die Ethik verbietet, und dem, was die Gier verlangt.

## Die grosse kaltschnäuzige Lüge

In solch einem Fall weiß Ihr Verstand, dass Sie belogen werden, doch die Lüge ist derart dreist, dass Sie es entweder nicht glauben können oder Ihnen die Spucke wegbleibt.

Die dreiste Lüge ins Gesicht ist eine so übertriebene und widersinnige Attacke auf den gesunden Menschenverstand, dass ein Kind sie durchschauen kann, und doch eben plausibel genug, um in Ihnen das alarmierende Gefühl zu wecken, dass da doch was dran sein muss, denn so platt kann doch niemand lügen, oder?!

## Neusprech

Codierungen, Veränderungen und Redefinitionen der Sprache dienen dem Trickser, weil sie zu seinem Vorteil und zu des Opfers Nachteil nach außen — für den neutralen, uneingeweihten Beobachter — eine scheinbar positive oder neutrale Unterhaltung ermöglichen, bei der zwischen den Zeilen etwas vollkommen anderes stattfindet.

Neusprech soll dem Opfer trickserkritisches Denken unmöglich machen. Die (nicht immer neuen) Worte des Neusprech sollen den Gedankenspielraum des Opfers nicht erweitern, sondern einengen. Wie eine verbale Kurzschrift, die oft eine ganze Reihe von Gedanken in ein paar Silben zusammengedrängt und gleichzeitig doch genauer und zwingender ist als die Normalsprache. Kein Wort des Neusprech ist ideologisch oder emotional neutral. Sie sind Euphemismen.

Wo arbeitet man in Ihrem Umfeld mit Euphemismen?

Bereits in den ersten Jahrzehnten des zwanzigsten Jahrhunderts waren ineinandergeschobene Wörter und Ausdrücke ein typisches Kennzeichen der Politsprache. Besonders in totalitären Ländern und totalitären Organisationen liebt man diese gekürzten Ausdrücke. Denn unmissverständliche Kurzworte lassen sich rasch sprechen und hinterlassen ein Minimum an Assoziationen im Kopf des Sprechers. Das Neusprech befähigt die Opfer also, die (laut Trickser) richtigen Ansichten so automatisch auszuspucken wie ein Maschinengewehr Kugeln und dabei so wenig wie möglich zu bemerken, was sie eigentlich sagen.

Der einfachste Weg, ein Wort zu redefinieren, besteht darin, die neue Definition so oft wie irgend möglich zu wiederholen — eine klassische Konditionierung.

Um codierte Unterhaltung, also Neusprech, verstehen zu können, muss man dechiffrieren können. Doch typischerweise fehlt vielen Opfern das entsprechende Wörterbuch.

## Omertà

Mit dem Begriff Omertà bezeichnet die Mafia die Pflicht, über die Mitglieder und Machenschaften der Organisation zu schweigen. Danach ist es den Mitgliedern der Vereinigung verboten, mit Nichtangehörigen über interne Angelegenheiten zu sprechen.

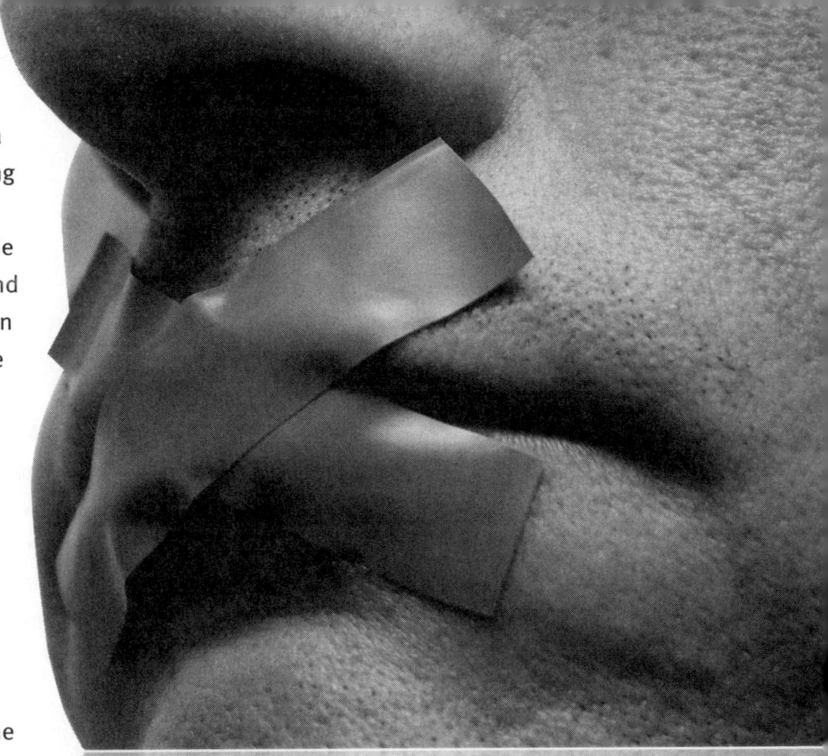

Das Schweigeprinzip der Omertà geht aber über diese Abschottung nach außen hinaus und ist auch eine Abschottung nach innen. Die Menschen selbst, ihre Häuser und ihr alltägliches Leben verwandeln sich in eine große Mauer, die die Wahrheit umschließt. Die Opfer bleiben zurück — mutterseelenallein. Denn wenn man etwas nur mit seinen eigenen Sinnen und in seinem eigenen Kopf weiß, dann ist es, als ob man es nicht wüsste.

Das Schweigen im Umfeld der Trickser ist nicht das gewöhnliche Schweigen. Es ist die Mauer des Schweigens, versinnbildlicht durch gesenkte Blicke im Schatten der Einschüchterung. Hinter diesem Schweigen steckt vielmehr die Haltung: „Das geht mich nichts an." Man verschließt sich. Es ist das maßgebliche Votum zum Stand der Dinge. Das Schweigen der Omertà ist stillschweigende Billigung der Geschehnisse, der Taten der Trickser. Es ist, als würde man dem Handeln des Tricksers zustimmen.

Dichtmachen, Schweigen bis zum völligen Verstummen, sich in sich selbst verkriechen, um nicht mehr zu wissen, verstehen, handeln zu müssen. Das Umfeld hört auf, Widerstand zu leisten. Man entscheidet sich für ein Einsiedlerleben. Das ist der Kompromiss der Mitläufer, die sich mit den Verhältnissen abfinden.

Omertà ist nicht nur Schweigen. Omertà ist eine Wand. Eine Wand zwischen Ihnen und der Wahrheit. Eine Wand zwischen Ihnen und dem Täter. Und diese Wand schützt nur den Täter. Diese Wand ist nicht nur Schutz für den Täter, sondern weitere Schwächung des Opfers. Die Omertà ist die Immunitätsgarantie an den Täter.

### Lügen funktionieren

Warum funktioniert das alles? Weil Sie nicht vorgewarnt sind.

Die Indizien, die frühzeitig als Warnung gedient hätten, kann (oder will) der Belogene nicht sehen. Zum einen gehört die 'Spurenbeseitigung' zu den routinemäßigen Abläufen des Trickseralltags wie das Zähneputzen. Zum anderen bedient sich der Trickser wohlkalkulierter Ablenkungsmanöver. Und vergessen Sie nicht den Mikado-Trick.

## Umgang mit Lügen

Wie begegnen Sie diesem teuflischsten der Machtspiele?

Nun könnte man meinen, man arbeitet einfach gezielt an der Aufklärung der Lügen. Theoretisch gebe ich Ihnen recht – gute Idee. Praktisch warne ich Sie dringend davor, dies öffentlich zu tun. Lügen sind ein Machtspiel, welches in jedem Falle eskalieren wird: Je mehr Sie auf Aufklärung drängen, desto mehr wird der Trickser mit einer Verstärkung des Machtspiels reagieren, in Form von Spott, Ablenkungsmanövern, Sie und Ihre Vermutungen lächerlich machen, Intrigen und vor allem mit noch dickeren Lügen. Finger weg, wenn Sie nicht selbst ein Meister der Intrige sind. Was ist das richtige Leseraster für die Lüge? – Das, was Ihre Augen Ihnen zeigen.

Achten Sie nicht auf das, was der Trickser erzählt, sondern nur auf das, was tatsächlich geschieht. Nichts, aber auch gar nichts wird ungeprüft als Tatsache verbucht.

Im Umgang mit Lügnern ist es überlebenswichtig, die Tonspur ausschalten zu können und sich ganz auf das ungetrübt sehende Auge zu verlassen. Es geht nur um die reinen Tatsachen, die nacken Fakten. Denn Sie müssen auch acht geben, dass Sie nicht unversehens instrumentalisiert werden und ungeprüft falsche Behauptungen glauben und wiederholen.

## Vorsicht Beweisorgie

**Variante 1** „Also Carla, du glaubst doch nicht, dass ich dich anlüge." Wahrscheinlich (und hoffentlich) denkt sich Carla, dass sie genau das glaubt, sagt aber nichts – aus Höflichkeit, aus Ohnmacht oder als 'Zugeständnis' an den Schockzustand, der sich typischerweise auf eine so 'dreiste Lüge ins Gesicht' einstellt.

**Variante 2** „Ich schwöre beim Leben meiner Tochter!" Wer sich auf solche massiven Beschwörungsformeln beruft, kommt typischerweise aus einer Händlerfamilie vom Bazar (hier gehört es zum Habitus und wird als touristische Attraktion eingestuft) oder toppt recht plump die erste Lüge mit einer weiteren.

Sobald der Trickser 'unverhältnismäßig' reagiert, sollten Sie noch argwöhnischer werden.

**Mein Rat** Glauben Sie nichts. Hier handelt es sich schließlich nicht um eine spirituelle Angelegenheit, sondern um Wahrheit oder Pflicht; sprich Konsequenz!

## Passivität

Die vierte und letzte Kategorie der Machtspiele ist die Passivität.

Passivität hört sich erst einmal gar nicht so schlimm an, doch Sie kennen diese Schnarchnasen, die sich gern überfordert und übermüdet geben, um sich selbst vor Aufwand und vor allem vor Verantwortung zu schützen. Diese Personen möchte man gern mal schütteln, um sie wieder in die hektische Realität zu befördern. Weit gefehlt. Diese NiedergeschwindigkeitsTäter haben einen sehr entspannten Hebel-Mechanismus entdeckt, um ihre persönlichen Ziele zu erreichen: Sie bremsen andere aus. Denn das Nichthandeln hat oft ebenso weitreichende Konsequenzen, wie das Handeln.

„Tja Chef, wenn Sie meinen, dass uns das weiterbringt …", „ Also, Schatz, ich war ja von Anfang an skeptisch!"

Passivität zeigt sich in Untätigkeit, Apathie, Desinteresse, Gleichgültigkeit, Leidenschaftslosigkeit, Phlegma, Schwerfälligkeit, Stumpfsinnigkeit, Teilnahmslosigkeit, Trägheit, Faulheit,

Tatenlosigkeit, Abgestumpftheit, Dickfelligkeit, Gefühllosigkeit, Gleichmut, Sitzfleisch, Stillstand, Zerstreutheit, Entrücktheit, Geistesabwesenheit, Gleichgültigkeit, Unaufmerksamkeit, Desinteresse, Ungerührtheit, Teilnahmslosigkeit, Trägheit, Stumpfsinn, Stumpfsinnigkeit, Denkfaulheit, Tatenlosigkeit ... Und:

### Ist was? Niemand da!

Der Trickser weigert sich, die Erwartungen und Anforderungen an ihn zur Kenntnis zu nehmen.

Sie kennen doch den Effekt, wenn Sie um Freiwillige bitten und immer wieder dieselben Leute an die Decke, auf den Fußboden oder ihre Fingernägel schauen.
„Ja, was willst du denn, das ist doch nicht mein Problem."

### Aggressives Zuwarten

Das Aufschieben und Aussitzen kann sich durchaus in aggressives Zuwarten steigern.

Beim aggressiven Zuwarten, wird man — außer immer mal wieder auf das Problem zu schauen — nichts tun und schlicht abwarten. Das Patentrezept dieser Trickser lautet: Kam von allein, geht von allein.

Und tatsächlich zahlt sich Faulheit immer mal wieder aus, oder wie der Volksmund sagt: „Aggressives Zuwarten löst die meisten Probleme von selber."

### Passives Wissen

Passivität ist auch nicht ganz unbeliebt in der Variante 'passives Wissen'. Nach dem Motto: „Woll'n doch mal sehen, ob die alleine klarkommen", um dann mit einem „Ich hab' es ja gewusst!" genervt zu schließen.

### Abseitsfalle

Vorsicht, wenn Sie zur zupackenden Sorte der Menschheit gehören. Automatisch packen Sie zu und an, wenn es nicht optimal läuft. Das merken die Trickser in Ihrem Umfeld und denken sich ein listiges Manöver aus: die Abseitsfalle. Im entscheidenden Augenblick, in der entscheidenden Sekunde, treten die anderen, die sich erst als Ihre Mitspieler ausgegeben haben, einen Schritt zurück. Abseits! Sie stehen allein und bleiben drauf hängen. Und das Tor bekommen Sie selbstverständlich auch nicht angerechnet. Sie sind komplett ausgetrickst worden.

Im ersten Härtegrad, wenn Sie beim Ehrenamt mal wieder allein die Aufräumarbeit machen, ist das nur nervig, im dritten Härtegrad aber werden Sie feststellen, dass es der Trickser geschafft hat, Ihnen die so genannte Durchgriffshaft auf den Hals zu hetzen.

Der Trickser arbeitet gezielt mit dem Verantwortungsgefühl der anderen. Irgendwann wird schon jemand einspringen, der es nicht mehr mitansehen kann, dass das Projekt den Bach runter geht, der Partner | Kunde | Klient | Patient oder das Kind leidet.

Damit dieses Machtspiel auch wirklich funktioniert, schafft der Trickser vorher einen symbiotischen Kreis: Was dem einen zustößt, betrifft dann auch den anderen. Auf diese Weise macht der Trickser seine Probleme zu Ihren Problemen. Damit ist sein Problem auch gleichzeitig sein Vorteil.

Hier gibt es nur einen Ausweg — die Konsequenz muss in voller Härte den Trickser treffen, sonst findet keine Veränderung statt.

## Umgang mit Machspielen

Grundsätzlich ist es eine dämliche Idee, ein Machtspiel mit einem anderen Machtspiel toppen zu wollen. Zum einen ist es unethisch, und zum anderen werden Sie nicht weit kommen. Selbst wenn Sie diese Runde gewinnen sollten, wird sich der Trickser nur zum Kräftesammeln zurückziehen und beim nächsten Mal besser vorbereitet sein.

Nutzen Sie Ihre Kräfte und Ihren Intellekt, um das Machtspiel zu beenden und — wenn mögliche — wieder miteinander in das Fahrwasser der Kooperation zu gelangen.

Zuerst einmal stoppen Sie den Machtspieler. Dazu bedarf es keiner großen Kunst. Sagen Sie einfach: „Stop!“ oder wenn Sie gern viele Worte machen: „Stop! Ich weiß, was hier gespielt wird, die Karten liegen auf dem Tisch. So kommen wir nicht weiter!“

Zu jedem Machtspiel gibt es eine Antithese, eine Entwaffnung, die das Machtspiel neutralisiert. Dies ist kein Aufrüstungs-, sondern ein Abrüstungsverfahren. Diese Antithese darf niemals – wirklich niemals – ein Bluff sein, sonst kontern Sie nur mit einem Gegenmachtspiel und treiben die Situation in die Eskalation. Hier geht es nicht um Verbal-Karate, sondern darum, wieder miteinander auf eine respektvolle Ebene zu kommen. Dann erst ist der Weg frei für kooperative Verhandlungen zwischen beiden Partnern.

**Ausnahme** Wenn der Trickser wild entschlossen ist, alles an sich zu reißen, dann werden wir um einen Krieg nicht herumkommen. Doch dazu mehr im Kapitel Saubere Gewalt.

## Alle auf einen Blick

### Alles oder nichts

**Es ist das entweder, oder ...**

Arbeitet mit Ihrer Angst vor Verlust und Ihrer Abhängigkeit.

**Stopper** „Ich kann verzichten!"

„Keine Emotion beraubt den Geist so vollständig von seinen Möglichkeiten zu handeln und zu denken wie die Angst."

Edmund Burke

### Einschüchterung

**Es ist das wenn, dann ...**

Arbeitet mit Ihrer Angst vor Verletzung.

**Stopper** „Ich habe keine Angst!"

### Lügen

Arbeitet mit Ihrer Unwissenheit (oder sogar Leichtgläubigkeit) und Ihrer Konfrontationshemmung.

**Stopper** Im Hintergrund prüfen, prüfen, prüfen und dann Tatsachen schaffen, nach eigenem Ermessen.

**Achtung** Lügner nicht konfrontieren – das warnt sie nur –, Sie handeln nur im Verborgenen und schaffen Tatsachen!

### Passivität

Arbeitet mit Ihrer | Ihrem Verantwortung(sgefühl) und dass es Ihnen wichtiger oder Ihr Risiko größer ist.

**Stopper** Tatsachen schaffen, Konsequenz zeigen.

**Achtung** Die Konsequenz muss den Trickser treffen und nicht ein weiteres Opfer!

# 'saubere' Gewalt

Saubere Gewalt ist Gewalt, die man nicht sieht — nur am Verfall der Opfer. Dies ist der Gipfel der Perversion, die Teufelsklasse der Trickser.

Ein perverser Trickser hat seinen Charakter poliert, bis es keine unschönen Stellen mehr gibt. Er weiß: Image ist alles. Denn nicht das Sein lenkt das Bewusstsein, sondern das Design. Und die Opfer fallen tatsächlich auf die Show herein und glauben (naiv) an die (nicht vorhandene) Substanz. Der Trickser genießt die anfängliche Bewunderung seiner Opfer ebenso wie deren spätere Angst. Dies ist der verborgene Teil seiner Persönlichkeit, das, was im Schatten bleibt.

Mit seinen guten Manieren hält er Sie jedoch davon ab, ihm gefühlsmäßig nahezukommen und den verborgenen Teil seiner Persönlichkeit (er-)kennenzulernen. Man will dadurch immer noch näher an ihn heran, hinter diese unsichtbare, aber unleugbar vorhandene Barriere zwischen ihm und den Normalsterblichen vordringen. Und gerade diese Barriere macht ihn noch begehrenswerter.

In diesem charmanten Abschotten liegt die Stärke des Tricksers: Seine Geheimnisse und (scheinbare) Erhabenheit ziehen andere magisch an und halten sie stets auf Armeslänge entfernt. Er ist in Sicherheit und gleichzeitig faszinierend anziehend.

## Technik

Mit Blick auf die Strukturen und Rhythmen der Trickser wird deutlich, dass Trickser in dieser Form der Gewalt zuerst eine Vertrauensbasis schaffen (teils über Jahre), das Opfer mit verbalem und emotionalem Dauerfeuer weich klopfen, um es dann 'abzuziehen'. Bei den eher aggressiven Tricksern beugt sich das Opfer der Gewalt und macht, was verlangt wird, nur um seine Ruhe zu bekommen. Bei den eher subtilen Tricksern ist das Opfer so besoffen geschmust, dass es alles für den Traumprinzen tut.

Die Manipulationsmanöver kommen nicht einzeln vor, sondern gut kombiniert, ineinander verwoben, strategisch versiert und einskalt serviert: Dies ist eine TrickKumulation, eine Übermacht, gegen die man alleine nicht ankommt. Es geht darum, das Opfer psychisch vollkommen in Beschlag zu nehmen. Es wird permanent beschäftigt, ob nun positiv und | oder negativ — meistens beides gleichzeitig. Das Opfer kommt dadurch nicht zur Ruhe, es kann zur Person des Tricksers und zur Situation nicht in Distanz gehen, um zu überlegen, was da eigentlich passiert.

Da die Manipulationsmanöver ineinandergreifen, verstärken sich die fatalen Folgen und erinnern an psychische Foltermethoden.

## Ziel

Das Ziel des Tricksers ist es, zur Macht zu gelangen und sich dann dort zu halten — egal mit welchen Mitteln. Es sollen Unfähigkeiten verschleiert, Status erhalten und Erfolge gesichert werden. Und dazu wird sich der Trickser alle möglichen Opfer als 'Bauern' gefügig machen und jeden potenziellen Kritiker ausschalten.

Ein seelisch perverser Trickser kann umso besser agieren, je ungeordneter, je schlechter strukturiert, je deprimierter eine Situation oder ein Umfeld (Familie, Unternehmen, Zeitgeschehen) ist. Er braucht nur den Riss zu finden, den er vertiefen wird, um seinen Machthunger zu stillen. Bei diesem perversen Spiel geht es nicht nur um das Ringen um Macht, sondern vor allem um den Genuss, das Opfer wie eine Marionette zu bespielen (genauer: zu benutzen).

## Vorgehen

Ein Trickser pirscht sich im Verborgenen an, wie eine Raubkatze. Das Opfer ist schon lange entdeckt und abgecheckt, bevor es den Trickser wahrnimmt. Und nicht selten ist es für die Beute dann schon zu spät.

„Sie werden dich nicht frontal angreifen. Sie schleichen sich lächelnd an Dich ran und schlagen zu, wenn Du schwach bist."

Serenity (Whedon, 2005)

Mit raubtierhaftem Instinkt werden die Schwachstellen des Opfers aufgespürt. Der Trickser wartet und bewirkt, dass es müde (destabilisiert) wird. Erst dann erfolgt der eigentliche Angriff.

Ein direkteres Vorgehen würde Opfern und Beobachtern ermöglichen, die wahre Absicht zu erkennen. Die indirekten Techniken aber destabilisieren und verleiten das Opfer zu glauben, dass das, was sich da tatsächlich abspielt, nicht sein kann, unwirklich ist. Denn die Aggression (der Beutezug) geschieht ohne großes Aufsehen. Worauf es dem Trickser ankommt, ist die Verwirrung des Opfers. Ein verwirrtes Beutetier ist ein unkoordiniertes Beutetier, ist ein desorientiertes Beutetier — ist leichte Beute.

### Gefahr

Es ist erstaunlich, wie sehr man bei einem MeisterManipulator in ein Kraftfeld gerät und davon beeinflusst wird. Und die Gefahr ist groß.

Ein perverser Trickser frisst und metastasiert sich in Ihr Leben wie ein Krebsgeschwür. Zu hoffen, dass er irgendwann mit seinem zerstörerischen Werk innehält, Beschwörungen, ihn zu besänftigen, ihn zum Einhalten zu bringen, machen keinen Sinn. Zu glauben, dass er irgendwann schon Ruhe geben wird, schon allein, um sich und seinen Nährboden nicht selbst zu gefährden, ist naiv. So denkt eine Krebszelle nicht. Sie will wuchern — erst auf Gedeih und dann auf Verderb —, das ist ihre Natur, das ist die Natur des perversen Tricksers.

Es ist wichtig, dass Sie erkennen, dass Sie — wenn auch moralisch wertvoll — in seinen Augen nicht die höchste Lebensform darstellen. Und in diesem Spiel gelten seine Regeln. Und nach denen dienen Sie nur noch als Gastgeber. Sie sind Nahrung (Zuwendungs-, Status- und monetäre Nahrung), sadistische Speise eines brutaleren Organismus, dessen gierige Zellen sich in schwindelerregendem Tempo alles einverleiben.
Ein Organismus, der einen Krieg führt und benachbarte Substanz annektiert.

#### Sag, Trickser ...

Wie kannst du dir morgens im Spiegel nur in die Augen schauen? [...] Antwort: Kein Problem.

Wie schläfst du nachts?
Antwort: Ausgezeichnet.
Antwort: Ich habe eine Teflonhaut und das Gewissen eines Toten.
Antwort: Ich verbrenne Akten, schüchtere Zeugen ein, kaufe mir Verbündete, gehe erhobenen Hauptes.

(Carré, 2010)

Bei der perversen Strategie wird das Opfer nicht sofort vernichtet, sondern nach und nach unterworfen und zur Verfügung gehalten, damit der Trickser möglichst lange vom Opfer profitieren kann.

## Perverse Verführung

In anfänglicher Seelenverwandtschaft kommt er in Ihr Leben wie ein Tornado. Er hebt Sie in die höchsten Höhen. Er hat die gleichen Werte wie Sie, die gleichen Interessen, die gleichen Ziele, die gleichen Ansichten. Sie haben beide den gleichen Geschmack, und Ihre Gewohnheiten sind magisch aufeinander abgestimmt. Er bewunderte Ihren Intellekt, Ihre Ambitionen und Ihre Ziele, Ihre Ehrlichkeit und Ihre Aufrichtigkeit. Ihrer beider Beziehung könnte nicht schneller gefestigt werden. Sie glauben sich am Ziel aller Wünsche.

Anfangs ist dieser Traum von Mensch vollkommen integer, hilfsbereit, tröstend und unendlich großzügig in seinen Idealisierungen Ihrer Person. Er ist besser als jede Droge.

Und wie lange bleibt das so? Das ist nicht sicher. Sicher aber ist, dass es nicht so bleibt.

Es wird auch nie wieder so werden, egal wie lange Sie hoffen und warten, diskutieren und versuchen. Aus Ihrem Traum wird ein Albtraum. Der charmante Dr. Jekyll verwandelt sich unausweichlich in Mr. Hyde, der es schafft, hässlicher und hässlicher zu werden.

Das können Sie nicht glauben? Nein, das ist nur eine Phase? Dann werfen Sie einen nüchternen Blick auf seine ehemaligen Opfer: seelisch gebrochen und nicht selten finanziell ruiniert.

Der perverse Trickser wird Sie einwickeln. Da es sich für Sie wie der 7. Himmel anfühlt, achten Sie nicht darauf, dass er das mit giftigen Strängen tut. Es ist die Grundlage seiner Manipulation.

Er wickelt Sie ein in eine psychopathische Bindung. Diese Verhaftung mit Plüschfesseln erfolgt ohne Vorwarnung, und die Verlesung der vier psychopathischen Botschaften entledigt Sie aller Menschenrechte für den späteren Verlauf Ihrer Beziehung. Sie werden haftbar gemacht für Ihre Menschlichkeit, Ihre Tugenden, Ihr Pflichtgefühl ...

In vier fatalen Schritten wird der Trickser Sie anfixen:

1. **Mir gefällt, wie du bist!**
   Der perverse Trickser bekräftigt Sie in all Ihren positiven Eigenschaften. Um genau zu sein, manipuliert er da schon an Ihnen und Ihren Eigenschaften herum, denn er spiegelt Ihnen eine bessere Version Ihres eigenen Ichs – mit ihm im Raum fühlten Sie sich nicht etwa kleiner, sondern größer!

2. **Ich bin genau wie du!**
   Nun wird der Trickser künstlerisch tätig, indem er eine Fassade schafft, die Ihrem Spiegelbild sehr nahe kommt, ohne zu konkurrieren. Er schenkt Ihnen Ihren eigenen Zwilling, der alles versteht, alles genau so sieht, alles auf die gleiche Weise tut.

3. **Bei mir sind deine Geheimnisse sicher!**
   Ihr doppeltes Lottchen wird Sie nun davon überzeugen, dass es (also er, der Trickser) der beste Garant für Sicherheit ist. Er ist Ihr Bollwerk gegen das Böse, Ihr Safe für Ihre Schätze, Ihr tatkräftiger Gehilfe bei der Gestaltung Ihrer Träume.

4. **Ich bin der perfekte Freund | Kollege | Manager | Mitarbeiter | Liebhaber für dich!**
Mit geschickter Kommunikation und glänzenden Augen verspricht er Ihnen etwas Einzigartiges: eine besondere Beziehung mit ungeahntem Potenzial an Tiefe und Vertrautheit.

Mit diesen Botschaften will er Sie enthirnen. Kaufen Sie ihm diese Lügen und Trugbilder tatsächlich ab, dann sind Sie enthirnt. Nun erfolgt der Zugriff auf Ihre Ressourcen, die gnadenlos ausgebeutet werden. Der Trickser lächelt Sie dabei weiterhin freundlich an — das versteht man noch als außenstehender Betrachter. Was dem neutralen Beobachter dieser Szene jedoch vollkommen unverständlich ist, ist wie Sie (einfach nur in blöde grinsender Glückseligkeit) daneben stehen können.

Zumal davon auszugehen ist, dass der Trickser Sie warnt — vor anderen und ganz subtil auch vor sich selbst:

1. Auf jeden Fall wird er Sie **vor jemand anderem** warnen, dazu hat er selbstverständlich viele gut ausgedachte Argumente.
Sein Ziel ist es, Sie von potenziellen AugenÖffnern abzusondern.
Es wäre also ein großer Fehler, auf diese Warnung zu vertrauen, denn mit 100%iger Sicherheit würde diese Person 'Licht in die Sache' bringen, Ihre Illusion enttrüben und Ihnen einiges über Ihren neuen Liebling erzählen können.
Ein weiteres Ziel ist es, Sie psychologisch zu verpflichten. Schließlich sollen Sie sich später mit so manchem Gegengefallen revanchieren.

2. Er wird Sie vielleicht sogar auch **vor sich selbst** warnen.
Dies ist keine allgemeine Menschenliebe oder echte Sorge um Sie, sondern taktisches Manöver, indem er sanft Ihre Schmerzgrenze abtastet und sich schon im Vorhinein Absolution einholt.
Gleichzeitig aktiviert er Ihr Mitgefühl — Manöver 'Armes Ich!' (Drama, Baby!).
„Weißt du, ich bin in Beziehungen immer verarscht worden, da brauch' ich einfach Zeit, um zu vertrauen." | „Bei meiner vorherigen Stelle, da hat man die Leute gegeneinander ausgespielt, jetzt muss ich erst mal abwarten, wie das hier läuft."

Die perverse Verführung soll Ihre Wachsamkeit einlullen und gleichzeitig Ihre Beschützerinstinkte wecken (Vorsicht, Drama in Sicht!). Diese Verführung ist eine Einbahnstraße. Der Trickser ist bemüht zu bezaubern, ohne sich einfangen zu lassen. Dabei werden Grenzen verwischt und Gedanken verwirrt. Das Ziel ist nicht nur, blinde Verliebtheit beim Opfer zu erreichen, sondern es einzuverleiben.

Und so schafft es der Trickser, einen intelligenten, erfolgreichen Menschen ohne zu argumentieren dahin zu bringen, dass er anders denkt, anders entscheidet und sich anders benimmt, als er es aus eigenem Antrieb getan hätte.

Diese Einflussnahme stimmt der Trickser auf die Empfindlichkeit und Verletzlichkeit des Opfers ab. Das besonders Verführerische dieser Manipulation liegt darin, dass das Opfer glaubt, es sei frei in seinen Entscheidungen. In Wirklichkeit ist es in einem hinterhältigen Vorgehen gefangen – dem Join-Up. Ohne dass dies bemerkt würde, findet die seelische Bevormundung in einem emotionalen Abhängigkeitsverhältnis statt – das Opfer ist längst subtil seiner Freiheit beraubt. Das Opfer denkt nicht mehr seine eigenen Gedanken, handelt nicht mehr nach eigenem Maßstab, fühlt nicht mehr frei. Dieses Phänomen erinnert an eine Gehirnwäsche. Das Opfer ist in einem Spinnennetz gefangen, zur Verfügung gehalten, psychologisch gefesselt. Ihm wird aber meist nicht einmal bewusst, dass ein Übergriff stattgefunden hat.

## Perverse Kommunikation

Der Perverse liebt die Kontroverse. Kommunikation dient dazu, nicht zu kommunizieren. Information ist Desinformation.

Der perverse Trickser betreibt eine Art Trockenlegung der Kommunikation; ganz langsam, gewissermaßen Tropfen für Tropfen, versickert die Wahrheit. Dabei wird nicht nicht kommuniziert. Dem Opfer wird die Illusion einer Kommunikation angeboten. Eine Kommunikation, die nicht geschaffen ist zu verbinden, sondern festzuhalten, jeglichen Austausch zu verhindern und das Opfer zu verwirren. Unmittelbare Kommunikation wird verweigert, nichts wird beim Namen genannt.

Nach den Regeln der perversen Kommunikation gilt es vor allem, den anderen am Denken zu hindern, am Begreifen, am Widerstehen. Bei diesen Tricksern ist die Rede gewunden, ohne Erläuterungen und führt zu gegenseitiger Entfremdung. Man weiß nie so recht, wie man sie deuten soll. Das Reden des Tricksers ist schwanger von Klugschwätzerei, doch hinterher sind Sie dümmer als zuvor.

Die Kommunikation eines perversen Tricksers bleibt absichtlich unbestimmt und verschwommen, das stiftet noch mehr Verwirrung. Und indem er nur Andeutungen macht, übermittelt er scheinbare Botschaften, ohne sich zu weit vorzuwagen.

Er schickt Ihr Gehirn ins Nirvana, indem er Themen ohne logischen Zusammenhang anschneidet und es irgendwie schafft, die Koexistenz verschiedener, einander widersprechender Reden aufrechtzuerhalten.

Er liebt die Fachsprache, abstrakt und dogmatisch. Doch egal, welche philosophischen Betrachtungen er Ihnen da liefert, es handelt sich um kalte, rein theoretische Ausführungen, die nur dem einen Sinn gehorchen: Sie am Denken zu hindern.

Worauf es bei der Rede des Tricksers ankommt, ist mehr die Form, weniger der Inhalt: Gelehrt erscheinen, um vom Thema abzulenken!

Diese verzerrte Kommunikation soll einen Denk-Black-Out bewirken. Wenn Sie das Gefühl haben, dass jemand einen Eimer Kleister in Ihrem Gehirn ausgeleert hat, war seine Gehirnwäsche erfolgreich. Sie wissen nicht mehr, was wahr ist und was nicht. Die Wahrheit des Tricksers regiert — Sie sind infoziert!

Das perverse Quälen durchläuft verschiedene Entwicklungsstufen, denen eines gemeinsam ist: die Gesprächsverweigerung. Der Konflikt wird nicht benannt, doch er findet statt, täglich, durch herabsetzendes Verhalten. Werden Vorwürfe gemacht, sind sie verschwommen oder ungenau, lassen Raum für alle Deutungen und alle Missverständnisse.

Die perverse Kommunikation besteht aus subtilen Botschaften, die nicht sofort als aggressiv oder zerstörerisch wahrgenommen werden, weil andere Botschaften (die zur selben Zeit ausgesandt werden) sie verwischen. Oft gelingt es den Opfern erst viele Jahre später, den Sinn der Botschaften zu entschlüsseln, nachdem sie dem beherrschenden Einfluss des Tricksers entkommen konnten.

Die Paradoxie perverser Kommunikation ergibt sich aus dem Abstand (und damit Unvereinbarkeit) zwischen Text und Ton. Dieser Abstand veranlasst Zeugen, die Tragweite des Dialogs vollkommen falsch einzuschätzen. Die Partner der Perversen entscheiden sich aus (falsch verstandener) Versöhnlichkeit, alles, was gesagt wird, in einem buchstäblichen Sinn zu verstehen, und so verdrängen sie die nonverbalen Signale.

Wird Kommunikation durch paradoxe Botschaften blockiert, ist es unmöglich, eine angemessene Antwort zu finden, weil die Situation nicht zu verstehen ist. Das Opfer reibt sich damit auf, Lösungen zu finden, die natürlich nie hilfreich sind. Auf diese Weise entzieht sich der Trickser geschickt dem Dialog, verschärft den Konflikt und schiebt dem Opfer die Schuld in die Schuhe.

Die Verweigerung der echten Kommunikation ist die schärfste Waffe der Perversion. Das Opfer sieht sich gezwungen, Gesuche einzureichen und Antworten auf Verwirrendes zu geben. So muss sich das Opfer ohne Deckung vorwagen. Scheinbare Irrtümer greift der Trickser sofort auf und das Opfer an. Die Aggression wird durch Nichtausgesprochenes oder Andeutungen kommuniziert. Mit dieser Technik kann der Trickser sein Opfer destabilisieren, ohne Spuren zu hinterlassen. In dem Bemühen des Opfers, um jeden Preis einen Meinungsaustausch zu erreichen, stellt es sich bloß. Je mehr es sich bloß stellt, desto besser kann es angegriffen werden.

Die perversen Anspielungen und Bemerkungen funktionieren wie eine negative Konditionierung, wie eine Gehirnwäsche. Das Opfer beklagt sich nicht über die schlechte Behandlung, sondern ist unentwegt auf der Suche nach (unwahrscheinlicher) Anerkennung durch den Aggressor.

Der beherrschende Einfluss ist im Allgemeinen für außenstehende Beobachter nicht sichtbar. Die destabilisierenden Anspielungen erscheinen nicht als solche für den, der den Zusammenhang und die Hintergedanken (die Legende) nicht kennt. Währenddessen geht ein Prozess der Isolierung vonstatten. Die Verteidigungshaltung, in die das Opfer gedrängt wird, treibt es zu Verhaltensweisen, die die Umgebung reizen. Es wird streitsüchtig, zum Jammerlappen oder entwickelt fixe Ideen. In jedem Fall verliert das Opfer seine Ursprünglichkeit. Die Umgebung versteht nicht und lässt sich so unwissend vom Trickser zu einer negativen Meinung vom Opfer verführen.

## Perverse Zerstörung

Die Methode ist immer die gleiche: Nachdem sich der Trickser in das Herz des Opfers geschmeichelt hat, nutzt er dessen Schwächen, um es so weit zu bringen, dass es an sich selbst zweifelt. So zerstört er allen psychischen Schutz: den von außen (durch Schmeicheleien und Eindrucksmanagement) und die von innen (indem er den Keim der Selbstzerstörung aktiviert). Diese Zerstörung vollzieht sich extrem subtil und von außen vollkommen unbemerkt.

Die perverse Zerstörung zielt darauf ab, sich an die Identität des Opfers heranzumachen und es jeder Individualität zu berauben. Wie ein Alpinist sich an die Spalten in der Felswand klammert, um sich vorzuarbeiten, bedient sich der perverse Trickser der inneren Risse seines Opfers. Mit seiner Gewalt vertieft er die vorhandenen und schafft neue Risse – das destabilisiert das Opfer und stabilisiert den Täter.

Indem der Trickser das Opfer wieder und wieder mit seinen (angeblichen) Schwachpunkten – und zwar im Großformat – konfrontiert, legt er Saatkorn für Saatkorn der Selbstzerstörung. Er belebt und düngt sie mit perverser Kommunikation.

Der Kontakt und vor allem eine Beziehung mit einem solchen perversen Trickser wirkt wie ein Negativspiegel. Das gute Bild, das man von sich hatte, wird umgestaltet. Man kann sich nicht mehr lieben. Typischerweise wird der Trickser das Opfer so lange trietzen, bis es die Nerven verliert und 'ausrastet': schreit, heult, schlägt. Damit wird die Beziehung zweideutig: Wer ist der Aggressor, wer ist der Angegriffene?

Das Opfer leidet nicht nur unter der Situation, sondern schämt sich oft genug dafür, dass es ihm nicht gelingt, sich angemessen zu verteidigen oder andere von der realen Situation zu überzeugen.

Dem Trickser kommt es darauf an, dass alles, was dem Opfer zustößt, von außen so wahrgenommen wird, dass das Opfer selbst dafür verantwortlich zu sein scheint.

Und damit wird das Opfer — das ein wirkliches Opfer ist — für ein Verbrechen (mindestens emotional) bezahlen, das es nicht begangen hat. Aber alles läuft so ab, als könne es ein unschuldiges Opfer nicht geben.

> Einem nicht offiziell erklärten, von den Regierungen nicht anerkannten und von den Journalisten nicht berichteten Krieg entspricht eine nicht erklärte Angst, eine Angst, die sich unter die Haut einnistet.
>
> Du fühlst einen inneren Druck wie nach zu üppigem Essen oder zu viel miserablem Wein. Eine Angst, die nicht auf Plakaten und in den Zeitungen herausgeschrien wird. Es marschieren keine Truppen ein, und keine Flugzeuggeschwader verdunkeln den Himmel, den Krieg fühlst du in dir. Wie eine Phobie. Du weißt nicht, ob du deine Angst zeigen oder aber sie verstecken sollst, ob du übertreibst oder die Gefahr unterschätzt. Man hört keine Alarmsirenen, sondern erhält die widersprüchlichsten Informationen [ ... ] Sie engen den Raum ein, vermitteln keinerlei Sicherheit. Das Feld für den tödlichen Kampf wird nur umschrieben und damit immer kleiner. Man fühlt sich in der Falle und empfindet die Wärme der anderen als unerträglich.
>
> (Saviano, 2009a)

## Die Opfer

Die Opfer stehen mit beiden Beinen im Leben. Meist sind es erfahrene und selbstbewusste Menschen, die ausgenutzt werden. Schließlich hat ein Trickser auch seinen Ehrgeiz.

Bevorzugte Ziele der perversen Trickser sind leicht isolierte Menschen. Menschen, denen ihre Isolation gar nicht ganz bewusst ist. Hier sind nicht Senioren gemeint, sondern beispielsweise auch Top-Manager, die auf dem Olymp der Unternehmung einsam entscheiden müssen. Dann hat der Trickser im Notfall nämlich außer dem Opfer auch keine Zeugen.

Weitere beliebte Personengruppen sind Menschen, die über eine Reihe von Tugenden verfügen; die so erzogen sind, vertrauensvoll, freundlich und höflich auf Menschen zuzugehen. Anstand, Rücksichtnahme und gute Manieren, sind genau das, was Trickser schamlos ausnutzen. Die simpelste Technik, ein Opfer zu destabilisieren, besteht darin, es dazu zu bringen, sich Schuldgefühle einzureden. Somit ist das ideale Opfer eine gewissenhafte Person.

Die Opfer sitzen irgendwann gefangen in der Falle eben dessen, was sie einst bezaubert hatte. Doch man darf nicht vergessen, dass das Opfer unter einer Situation leidet, für die es nicht verantwortlich ist. Auch wenn man im Allgemeinen sagt, dass immer zwei dazugehören, haben Sie in den vorigen Seiten erfahren, dass es ausreicht, wenn sich einer daneben benimmt.

Der wesentliche Fehler des Opfers war es, nicht misstrauisch gewesen zu sein, die nonverbalen Botschaften übersehen zu haben. Es hat diese Botschaften nicht zu deuten vermocht, es hat wörtlich genommen, was gesagt wurde. Ihm fehlte das Decodierungsraster.

Typischerweise verliert das Opfer nicht nur Geld, sondern auch Vertrauen (in seine Mitmenschen). Und so tut dem Opfer am meisten weh, dass es sich so hat über den Tisch ziehen lassen.

## Grundsätzliches zum Übel

Wenn ein perverses Individuum in eine Gruppe kommt, ist es sein Ziel, durch Charme die fügsamen und verführbaren Gruppenmitglieder um sich zu sammeln. Das Opfer dagegen wird einer Aggression ausgesetzt, die es nicht versteht (nicht verstehen kann). Unter perversen Verhältnissen gedeiht Feigheit, was das Opfer weiter isoliert. Und so kann ein machthungriger Einzelner die ringsum herrschende Angst und Verwirrung nutzen, um ungestraft potenzielle Rivalen zu vernichten. Mimikry und Tarnung helfen dem Trickser bei der Ausbeutung. Sein Grundprinzip ist die Täuschung! Einen Trickser erkennen Sie nicht automatisch. Er ist nicht ausgeschildert. Gerade der MeisterManipulator ist selbst für das geschulte Auge extrem gut getarnt.

**Tipp** Einen MeisterManipulator erkennen Sie daran, dass er zu ... ist! Zu nett, zu perfekt, zu gut, um wahr zu sein.

Denken Sie daran:

- Trickser wissen, was sie tun!
  Sie müssen (endlich) lernen, das anzuerkennen und sich von der Illusion zu lösen, dass dieser Mensch zu den 'Guten' gehört.
- Messen Sie Menschen — und ganz besonders Trickser — nur an ihren Taten (niemals an ihren Worten).
- Die Beziehung zum Trickser ist einseitig!
  Sie geben, er nimmt (Geld, Unterkunft, Sex, Macht, Kontrolle, Prestige ...).
- Trickser versuchen Sie im intimen Gespräch positiv (und später auch negativ) zu beeinflussen. Setzen Sie ihn der Beobachtungsgabe Ihres Netzwerkes aus. Und hören Sie auf kritische Stimmen!
- Der Trickser suggeriert Ihnen Druck und Notwendigkeit zu Entscheidungen und Handlungen, damit Sie nicht in Ruhe nachdenken.
- Je mehr der Täter das Opfer schwächt (oder sogar zerstört), desto weniger kann es sich wehren.
  Darum ist es wichtig, so schnell wie möglich zu handeln.
- Je subtiler ein Manöver läuft, desto effektiver ist es!
  Achten Sie unbedingt auf die leisen Töne.
- Ein Trickser spielt bis zum — für Sie — bitteren Ende!

## Kreisläufe der Gewalt

Alle springen im Dreieck und drehen sich doch im Kreis. Dies ist das allgemeine Phänomen von Negativbeziehungen.

Die Opfer bekommen im Kontakt mit dem perversen Trickser oft über Jahre kein Gefühl für den Kontext und die Regeln, nach denen gespielt wird, oder für die Formeln, nach denen sich seine Äußerungen und die des Opfers zu Schuld und Unschuld, Verurteilung und Freispruch verrechnen. Denn im Unterschied zu einem normalen Konflikt gibt es keinen wirklichen, keinen offenen Kampf. Und damit gibt es mit einem perversen Trickser auch keine Versöhnung!

Für die Opfer bedeuten diese Perversionen auch ähnliche Untergangsmuster, und doch gibt es ein wesentliches Unterscheidungskriterium — die Beständigkeit der Gewalt:

- Der Kreislauf der 'normalen', genauer nichtperversen Gewaltbeziehung ist pulsierend: es lebt, wenn auch die Bösartigkeit.
- Der Kreislauf der perversen Gewalt ist dagegen wie eine Maschine: leblos, kalt, unaufhaltsam, wenn erst einmal in Gang gesetzt.

### Kreislauf 'einfache' Gewaltbeziehung

In einer Gewaltbeziehung gibt es keinen isolierten gewalttätigen Vorfall. Die Gewalttätigkeiten der 'einfachen' Gewaltbeziehung sind eingebettet in einen Kreislauf. Die Spannung baut sich auf, bis sie sich in einer Gewalteskalation entlädt, darauf folgt eine (oft übertriebene) Reue mit Versöhnung, die eine Ruhephase einleitet, bis es wieder zum Spannungsaufbau kommt ... und so weiter und so weiter, immer im Kreis herum.

Dass es tatsächlich (relative) Ruhephasen gibt, aus denen das Opfer Kraft und Hoffnung schöpft, dass sich doch noch alles zum Guten wendet, die offenkundige Reue des Gewalttätigen in Kombination mit eigenen Scham- und Schuldgefühlen machen es dem Opfer extrem schwer, sich der Beziehung und damit der Gewalt zu entziehen.

Doch dieser Kreislauf kann von den sich darin befindlichen Beteiligten nicht mehr allein gestoppt werden. Die Gewalt wird anfangs kaum als solche wahrgenommen. Erst mit der Zeit entwickelt sich ein Klima der Anspannung, Angst und Bedrohung. Die Gewalteskalationen werden meist durch banale Anlässe ausgelöst, durch einen Streit, bei dem der Täter sich die Kontrolle durch Gewalt sichern will. Darauf folgen häufig Entschuldigungen und Reueerklärungen, und der Täter verspricht, dass es sich um einen außerordentlichen, einmaligen Vorfall gehandelt hat und dass es nicht wieder vorkommen werde. Danach beginnt oft eine Zeit verstärkter Zuwendung mit Geschenken und besonders schönen Momenten. Opfer und Täter verhalten sich so, als wäre nichts geschehen. Das Opfer hofft, dass sich die Gewalteskalation nicht wiederholt, und versucht, alles zu tun, um die Spannung niedrig zu halten. Vor sich selbst verharmlost es sowohl Belastung als auch Gefährlichkeit der Situation, vor anderen verheimlicht es sie.

Erst nach langer Zeit versteht das Opfer, dass es das immer stärker werdende gewalttätige Verhalten des Täters nicht beeinflussen oder kontrollieren kann. Alle Versuche, Konflikte und Konfrontation zu vermeiden, um Gewaltausbrüche zu verhindern, sind damit zum Scheitern verurteilt. Dieses Bemühen stellt sich als Illusion heraus: Der Zyklus der Gewalt hat begonnen, die Gewalteskalationen ereignen sich immer öfter und werden gefährlicher. Das Opfer befindet sich in einem Dauerzustand von Unsicherheit, Angst und Belastung. Es ist ein Abgleiten in die Serialität — die Gewalttaten werden brutalter, die Abstände zwischen den Gewalttaten immer kürzer, die Intensität der Bedrohung nimmt zu. Dies ist eine Spirale der Gewalt.

## Kreislauf perverse Gewaltbeziehung

Die Zeichen der Feindseligkeit zeigen sich nicht in Momenten der Krise. Sie ist beständig da. Ein perverser Trickser weiß, wie weit er gehen kann, er weiß seine Gewalt abzuschätzen — dies ist kaltes Kalkül.

Bei dem Perversen ist das Beherrrschen hinterhältig und wird geleugnet. Die Unterwerfung des Opfers genügt nicht, man muss sich seines Wesens bemächtigen. Die perverse Gewalt stellt sich schleichend ein, manchmal unter der Maske von Freundlichkeit und Wohlwollen.

Der Einstieg in den Kreis der perversen 'sauberen' Gewalt bedeutet, dass das Opfer überlegten, strategischen Verhaltensweisen der Perversion ausgesetzt wird. Der kreisförmige Prozess, einmal in Gang gesetzt, kann nicht mehr von allein anhalten, weil das Gewaltrepertoire eines jeden sich erweitert: Der Trickser wird immer demütigender und gewaltsamer, das Opfer immer ohnmächtiger und tiefer verletzt. Nichts beweist, was sich da wirklich abspielt. Dies ist saubere Gewalt. Man sieht nichts. Nur den Verfall des Opfers.

Die perverse Gewalt ist wie eine Maschine, die, einmal in Gang gesetzt, alles zermalmen kann. Schreckenserregend, unmenschlich, mitleidslos. Das Umfeld zieht sich aus Feigheit und Egoismus zurück. Doch hat sich dieses Verhalten erst einmal etabliert, wird es sich stetig ausweiten.

Es handelt sich um ein kreisförmiges Phänomen: Es nützt nichts, danach zu suchen, was am Anfang des Konfliktes steht. Man vergisst sogar seine Ursachen. Ein ganzes Arsenal überlegter Verhaltensweisen seitens des Aggressors soll die Angst des Opfers auslösen. Das Opfer reagiert mit Abwehrhaltung, was weitere Aggressionen erzeugt. Entwickelt sich der Konflikt weiter, treten Phänomene **wechselseitiger Phobie** auf: Allein schon der Anblick der gehassten Person ruft kalte

Wut beim Aggressor hervor, der Anblick des Peinigers löst beim Opfer ein Phänomen der Furcht aus. Dies ist ein — je nach Perspektive — aggressiv oder defensiv konditionierter Reflex. Die Furcht hat beim Opfer pathologische Verhaltensweisen zur Folge, die als Alibi dienen, die Aggression rückwirkend zu rechtfertigen. Ziel seitens des Verfolgers mag sein, das Opfer aus der Fassung zu bringen, in totale Verwirrung zu treiben, so dass es Fehler macht.

Niemand schreitet ein. Genau genommen, bemerkt man das Problem erst, wenn das Opfer spektakulär reagiert (Nervenkrise, Tränen ...).

Bei dieser Gewalt will der Aggressor einzig und allein den Untergang seines Opfers. Sich dem beherrschenden Einfluss zu widersetzen bedeutet, sich dem Hass auszusetzen. Der Hass des Perversen entsteht schon früh in dieser Beziehung, aber der Perverse hatte ihn versteckt, maskiert, um die Beziehung, den Kontakt in einem Zustand der Starre zu halten. All das, was bereits in geheimer Form vorhanden war, tritt nun zutage. Es handelt sich hier aber nicht um Liebe, die zu Hass wird, wie guter Wein zu Essig wird. Sondern um Missgunst, die sich zum Hass logisch weiterentwickelt.

**ACHTUNG** Mobbing gehört auch zu den Kreisläufen perverser Gewalt.

Falls nicht jemand von oben energisch eingreift, wird es nicht aufhören. Denn der Aggressor hat schon lange nicht mehr das Wohl des Unternehmens im Blick, sondern nur noch das Wehe des Opfers.

**VORSICHT** Wenig erfahrene Führungskräfte neigen in Krisensituationen dazu, das Verhaltensmuster des Umfelds, zu spiegeln: Brutaler Umgang wird mit strenger Führung beantwortet. In Kombination mit dem Phänomen, dass in Situationen perverser Gewalt die Opfer ihrer Klarheit und Kompetenz beraubt sind und die Tendenz haben, sich von ihrer schlechteren Seite zu zeigen, bedeutet das, dass sich alle und alles auf das Opfer stürzen statt auf den Täter.

Sind Sie nicht erfahren oder allein vom Umfang der Gewalt überfordert, holen Sie sich einen Experten hinzu. Denn wenn Sie nichts tun, wird die Gewalt im Unternehmen metastasieren.

## Das ABC der Perversion

Das Alphabet der Perversion ist logischerweise nicht vollständig, denn der Trickser zeichnet sich durch den Substanzmangel aus. Gleichwohl kumulieren sich in den wesentlichen 'TrickserBuchstaben' interessante Machenschaften auf. Und so beschäftigen wir uns hier mit den Es der Enthirnung, den Ds der Destablisierung und den Is der Instrumentalisierung.

### Die Es der Enthirnung

Bei den Es der Enthirnung (ach seien wir ehrlich: bei allem Tricksertum) geht es darum, zuerst einmal das (und überhaupt jedes) Opfer am Denken zu hindern. Die Massenkarambolage verdummender Information bewirkt Knoten im Gehirn. Das Denken wird mit wildem Neusprech ins Nirvana geschickt. Und damit auch wirklich niemand — vor allem das Opfer — etwas bemerkt, kleidet der Trickser alles in das Deckmäntelchen der Liebe.

Die Enthirnung ist ein wesentlicher Teil des Join-Up. Ein perverser Trickser wird sein Opfer nie frontal angreifen. Er arbeitet mittelbar, erschleicht sich die Zuneigung des Opfers, verführt es und bringt es ohne zu argumentieren dazu, anders zu denken, sich anders zu entscheiden, sich anders zu benehmen ...

#### Einschmeicheln

Im ersten Schritt wird der Trickser sich bei seinem Opfer einschmeicheln. Wie er das macht, haben wir uns schon beim Love-bombing und den vier süchtigmachenden psychopathischen Botschaften angeschaut.

Der Trickser will das Opfer einlullen, um sich einen exklusiven Zugang zum Denken des Opfers und seiner Welt zu verschaffen. Er suggeriert: „Ich bin dein Freund. Mir kannst du vertrauen."

#### Einflüstern

Sobald das Opfer dem Schmeicheln erlegen ist, erfolgt die Phase des Einflüsterns. Nun wird der Trickser den ein oder anderen Tipp platzieren. Diese ersten Tipps und Hinweise, werden sich als richtig und kostbar erweisen. Doch das ist eine bewährte Taktik, um das Opfer weiter in Sicherheit zu wiegen und die Reputation des Tricksers zu festigen. Es ist sein Luftholen vor dem großen Sprung. Es ist die Pendelbewegung vor dem richtigen 'Absahnen'.

Nach und nach werden die Einflüsterungen mit Informationen gespickt, die nicht mehr dem Opfer dienen, sondern nur noch dem Trickser. Da das Opfer anfangs aber durchweg profitierte, wird es den Wahrheitsgehalt dieser Einflüsterungen weniger bis gar nicht mehr überprüfen und unbesehen glauben und danach handeln. Der Trickser hat damit ein wesentliches Ziel erreicht.

### Einschüchtern

Damit niemand aus dem Umfeld des Opfers 'dazwischenfunkt', werden Kritiker eingeschüchtert und | oder beim Opfer diffamiert.

Auch das Opfer wird subtil eingeschüchtert, indem es der Trickser Glauben macht, dass es irgendeiner Bedrohung ausgesetzt sei. Und da es immer mal Neider gibt und Konkurrenten, Hindernisse auf dem Karriereweg und Schwierigkeiten im Leben, muss der Trickser lediglich leise Befürchtungen laut aussprechen, feine Risse mit der Lupe vergrößern und am Schorf alter Wunden kratzen. In Kombination mit seinem Versprechen, dem Opfer selbstredend immer helfen zu wollen, wird sich das Opfer freiwillig mehr und mehr isolieren (lassen) und so tiefer und tiefer in Illusion und Abhängigkeit hineingeraten.

### Einfordern

Ist das Opfer angemessen 'weich gekocht', druckst der Trickser nun bei bestimmten Themen effekthaschend herum. Er wird nie direkt aussprechen, was er will, doch das (dummerweise) dankbare Opfer möchte sich gern erkenntlich zeigen. Und so wird es in Rettermanier den Trickser drängen, doch zu offenbaren, was das Problem sei. Und ehe sich das Opfer versieht, hat es mit Beschützerinstinkt angeboten, was der Trickser in Wahrheit an 'Dienstleistung' einfordert. Doch das erkennt das Opfer in dieser Phase nicht und ist ein umso willfährigerer Unterstützer der Machenschaften des Tricksers.

### Einnehmen

Indem der Trickser das Opfer am echten Denken hindert, es subtil abhängig und gefügig hält, beraubt er das Opfer seiner selbst. Der Trickser bemächtigt sich des Opfers an sich und all seiner Ressourcen.
Und erst wenn das Opfer nichts mehr zu geben hat oder sich entziehen kann, wird diese Phase enden.

## Die Ds der Destabilisierung

Die Ds im Alphabet der Perversion sollen die Destabilisierung des Opfers bewirken. Denn ein instabiles Opfer ist leichte Beute.

Der perverse Trickser will Dominanz erlangen. Um sich nicht mit unangenehm schlechtem Gewissen zu belasten, wird er das Opfer depersonifizieren: Er macht das Opfer zum Objekt, zur Schachfigur, zu seinem Zeitvertreib. Damit ist das Opfer aller Rechte beraubt und der Trickser frei von Schuld. Und je mehr der Trickser das Opfer degradiert, desto mehr Distanz verschafft er sich zu seinem eigenen 'Verbrechen'.

### Désamour | der Liebesentzung

Der Liebesentzug ist nicht das Ende einer Beziehung, sondern bewährtes Vernichtungssystem innerhalb einer Beziehung.

Der Liebesentzug meint nicht das Fehlen von Liebe, sondern eine Struktur beständiger subtiler Gewalt anstelle der Liebe. Das Opfer erleidet sie nicht nur, sondern verinnerlicht sie. Dazu müssen zwei Phänomene ineinandergreifen: Die (vermeintliche) 'Liebe' (Wertschätzung oder Gunst) wird entzogen, wenn sich das Opfer nicht nach den Maßstäben des Tricksers verhält. Dies verunsichert das Opfer und es wird irritiert (gebremst, linkisch, unsicher ...) reagieren. Nun setzt die absurde Spirale ein: Der Trickser putzt das Opfer herunter, weil es ungeschickt ist oder nicht 'comme il faut' (wie es sein sollte). Es wird immer ungeschickter und entfernt sich immer weiter vom Gardemaß. Nicht weil es ungeschickt ist, wertet der Trickser das Opfer ab. Das Opfer ist ungeschickt geworden, weil der Trickser es destabilisert (hat).

Es war, als sei der Anlass unseres Streites eigentlich ohne Bedeutung. Aber sein Ergebnis hat Bedeutung. Ich hatte nicht nur diesen Streit verloren. Ich hatte nach kurzem Kampf kapituliert, als sie drohte, mich zurückzuweisen, sich mir zu entziehen. Ich habe alles auf mich genommen. Ich habe Fehler zugegeben, die ich nicht begangen hatte. Absichten eingestanden, die ich nie gehegt hatte. Wenn sie kalt und hart wurde, bettelte ich darum, dass sie mir wieder gut ist, mir verzeiht, mich liebt.

(Schlink, 2009)

Der aggressive Trickser sucht und findet zwangsläufig eine Rechtfertigung für die Gewaltbereitschaft, die er empfindet. Verfolger ahoi.

Auch hier gilt das Prinzip: je subtiler, desto effektiver!

Das Tückische am Liebesentzug ist, dass der Trickser weder das Gardemaß, noch die Konsequenzen bei Nichteinhaltung je offen ausspricht. Er lässt es subtil durch den Raum wabern. Und so erkennen viele Opfer die Manipulation gar nicht.

Mit diesem subtilen ZuwendungsEntzug wird der potente Manager gleichermaßen manipuliert werden wie die unterdrückte Frau in einer Gewaltbeziehung. Und eben weil sich das Opfer so sehr seiner Autonomie sicher ist, ist es für den Machiavellisten oder MeisterManipulator leicht zu steuern.

## Desinformation

Information zur Desinformation. Es ist die gezielte Verbreitung falscher oder irreführender Information, entweder direkt (offene Lügen und Betrug) oder indirekt (subtile Unterdrückung objektiver oder überprüfbarer Fakten, Verschweigen und Ablenken von der Wahrheit). Dazu gehört auch die gezielte Überversorgung mit nutzlosen Informationen, die die wichtige Information überdecken sollen — das Prinzip: Spam.

Desinformation wird zur Stimmungsmache, Täuschung und Verwirrung des Opfers eingesetzt, um es zu fehlerhaften Entscheidungen zu verleiten. Das Opfer dumm zu quatschen und es dann dumm dastehen zu lassen gehören also zusammen.

## 'Divide et impera' | Teile und Herrsche

Äußerst geschickt ist der Trickser in der Kunst, die einen gegen die anderen aufzuhetzen: Durch Anspielungen oder plakative Bevorzugungen löst er Eifersucht aus, bringt die Leute gegeneinander auf, sät Zwietracht. Auch Lügen gehören zu diesem Spiel, um nicht selbst ins Schussfeld von Zorn und Hass zu geraten.

Den höchsten Genuss bereitet es einem Trickser, die Vernichtung eines Opfers von einem Dritten vollbringen zu lassen und diesen Kampf zu beobachten.

Es ist die Lust an der Niedertracht, die Gier, ausgeklügelte Machenschaften anzuzetteln und mit Intelligenz zum Erfolg zu kommen, ohne sich selbst 'die Hände schmutzig zu machen'.

## Diskreditierung

Das Diskreditieren ist die gezielte Untergrabung des Vertrauens anderer in das Opfer des Tricksers. Gern wird gelogen, verleumdet, Indiskretionen oder Gerüchte verbreitet. So entledigt sich der Trickser nicht nur unliebsamer Kritiker, auch das Opfer kann er so gut schwächen, indem er dessen Isolation vorantreibt. Für den Rufmord genügt es, Zweifel in die Köpfe der anderen einsickern zu lassen: „Glaubst du nicht, dass ..." Nachher kann man durch falsche Reden, zusammengeschustert aus einer Montage von Hintergedanken, von Nichtausgesprochenem, ein Missverständnis aufbauen, um es dann zum eigenen Vorteil auszubeuten.

## Double Standards | Zweierlei Mass

Trickser haben es an sich, dass sie groß in den Erwartungen und Erwartungsversprechungen sind. Ihre überhöhten Ansprüche gleichen sie dann damit aus, dass sie selbst kaum liefern bzw.

sich an der Einhaltung von Standards und | oder Leistungen nicht (oder nicht angemessen) beteiligen. Allein dies geht zu Lasten des Umfeldes. Vom direkten Opfer aber erwartet der Trickser noch mehr — nie ist das Gelieferte genug. Er verlangt immer mehr.

Double Standards gelten für Regeln — er darf andere unterbrechen, andere ihn aber nicht.

Double Standards gelten emotional — er darf wütend herumschreien, die anderen nicht.

Double Standards gelten immer und überall — was der Trickser darf, dürfen andere noch lange nicht.

### Double-Binds | paradoxe Doppelbotschaften

Kommunikative Anomalie ist im Umgang mit Tricksern ein weitverbreitetes Risiko. Die notwendige Ingredienz dieses besonderen Giftcocktails ist das Paradox — mehrfach und immer wieder verabreicht, bis das Opfer die geforderten Reiz-Reaktions-Muster hinreichend internalisiert hat. Die klassische Konditionierung soll dem Opfer die Selbststeuerung aus der Hand nehmen und dem Trickser die Fernbedienung für das Opfer in die Hand geben.

Diese Kopplung sich widersprechender Aufforderungen, der Zwangscharakter und die Illusion der Alternativen schaffen für das Opfer eine bodenlose Verlierer-Situation.

Double-binds sind lähmende, weil doppelte, nicht miteinander vereinbare Botschaften. So werden gern auf verschiedenen Ebenen verschiedene Botschaften vermittelt: Die Worte sagen das Gegenteil dessen, was der Tonfall sagt; die Gesten sagen das Gegenteil von dem, was die Mimik sagt ... Das Opfer steht nun vor der Wahl, welchem Teil der Botschaft es Glauben schenken soll, auf welche Botschaft es antworten soll. Doch egal was es macht — es kann nur verlieren.

Die Unerfüllbarkeit des Double-bind — die Unerfüllbarkeit der Erwartungen des Tricksers — ist die notwendige Unmöglichkeit für das Situationsparadoxon. Eine paradoxe Situation ergibt sich nicht allein aus dem logischen Widerspruch, sondern aus der Unvereinbarkeit von „Ich muss etwas tun“ mit „Ich habe keine Information“. Eine Anpassung setzt Spielregeln voraus, die sowohl bekannt als auch anwendbar sein müssen. Werden die Spielregeln zunehmend komplexer, so wird das Opfer auch zunehmend mental gefordert. Eine gewisse Beständigkeit der Spielregeln ist dazu erforderlich, eine Anpassung gelingen zu lassen. Ändern sich die Spielregeln beständig oder sind sie gar nicht identifizierbar, so befindet sich das Opfer in einer chaotischen Situation.

Perverse Trickser bespielen ein weites Feld potenzieller Widersprüche, die sich logisch nicht (sofort sichtbar) widersprechen. Entscheidend ist lediglich die Unerfüllbarkeit durch das Opfer. Dem Trickser geht es um die konsequente Überforderung des Opfers. Denn dann ist das Opfer bereit zu glauben, dass die Schuld an der verfahrenen Situation an seinem Unvermögen (und nicht der perfiden Brutalität des Tricksers) liegt.

Was Double-binds so gefährlich macht, ist der hohe Anpassungsdruck, der sich nicht nur auf das Verhalten, sondern auch auf die Selbstwahrnehmung bezieht. Es ist Anpassungsdruck bis zur Identitätsaufgabe.

Double-binds sind eine Methode der Gehirnwäsche. Das Opfer wird nicht nur gebrochen. Man entreißt ihm die Erlaubnis, sich selbst als Opfer wahrzunehmen. Man entreißt ihm die die Erlaubnis, den Täter als Täter wahrzunehmen. Der Trickser bestimmt, wie das Opfer ihn wahrzunehmen hat, welches Bild sich das Opfer vom Täter muss: „Mutti hat dich nicht bestraft, weil Mutti böse ist, sondern weil du böse warst. Mutti schlägt dich, weil sie es gut mit dir meint."

Ein Opfer, das wiederholt und ohne Rückenstärkung solchen Situationen ausgesetzt ist, erlebt die systematische Dekonstruktion seiner Persönlichkeit.

Die double-binds werden vom Opfer in zunehmendem Maße als bedrohlich erlebt, obwohl sie, aus der Sicht eines Beobachters, nicht bedrohlicher geworden sind. Diesen Effekt verdankt das Opfer der destruktiven Feedbackschleife: Psychische Gewalt bewirkt eine psychische Schwächung, eine psychische Schwächung lässt die psychische Gewalt potenter erscheinen, die potenter erscheinende psychische Gewalt bewirkt eine stärkere Schwächung des Denkvermögens, die Schwächung des Denkvermögens schwächt das Opfer zusätzlich, diese Schwächung einer wichtigen Überlebensfunktion (klar denken zu können) entspricht schließlich einer psychischen Schwächung des Opfers.

Eine typische Aussage der Opfer von Doppelbindungs-Beziehungsmustern lautet: „Ich kann es meinem Trickser nie recht machen." Für das Opfer gibt es absolut keinen Ausweg aus der Situation. Was immer es auch tut, es erlebt ein negatives Feedback. Der Trickser erscheint übermächtig. Ihn zufriedenzustellen kann nicht gelingen, doch wenn es nicht gelingt, passiert etwas Schlimmes. Innerlich schreit das Unterbewusstsein des Opfers: „Ich werde in dieser Situation wahnsinnig!" Und nicht selten entlädt sich der innere Konflikt in selbstschädigendem Verhalten, in einem verzweifelten Versuch, aus der hoffnungslosen Situation mit aller Macht auszubrechen. Doch das Opfer hat alle Fähigkeit zu explodieren verloren und implodiert.

### Demütigung

Demütigungen haben nicht selten das Ziel, den Willen des Opfers zu brechen. Um den Selbstwert und die Würde des Opfers zu zerschlagen, macht der Trickser es lächerlich, demütigt es, überzieht es mit Sarkasmen, bis es jegliches Selbstvertrauen verliert. Gern bedient er sich auch der Verleumdung, Lügen und böswilliger Missverständnisse.

Als Gipfel der Perversion richtet er es so ein, dass das Opfer die Demütigung erfährt, ohne dass es sich dagegen wehren kann.

## Die Is der Instrumentalisierung

Die Is der Instrumentalisierung stehen im Wörterbuch des perversen Tricksers unter dem Stichwort 'Wertschöpfung'. Dies ist der schmarotzende Teil des Tricksertums: Wie bekomme ich deine Arbeitskraft, dein Geld, deine Freunde, deine Vitalität ...

### Infozieren

Wie einen Computervirus lädt der Trickser ein paar lenkende Informationen in das Betriebssystem des Opfers: seinen Bezugsrahmen, sein Netzwerk, seine Umgebung. Nicht selten kommt dieser Virus mit Love-bombing getarnt als Trojaner daher.

Siehe auch unter Manöver: Infozieren

### Intrigieren

Vom ursprünglichen (lateinisch) in Verlegenheit bringen hat es der Trickser zur Kunst erhoben, seinem Opfer und auch seinen Kritikern Schaden zuzufügen und | oder sie gegeneinander aufzuhetzten. Neben dem Kaltstellungseffekt für (aktuelle und zukünftige) Kritiker und seiner persönlichen Vorteilsgewinnung, befriedigt der Trickser seinen Sadismus.

Der Trickser verfügt bei aller Gefühlskälte scheinbar immerhin über Schadenfreude und Lust an der logistischen Herausforderung, Mehrfachverwicklungen einzufädeln. Dabei wird er es darauf anlegen, dass die anderen sich bloßstellen. Seine Ränke und Komplotte mit Komplizen (meist Naiven) halten alle beschäftigt und beugen so seiner eventuellen Langeweile vor. Gleichzeitig konzentrieren sich alle auf das angerichtete Chaos (was ein Ablenkungsmanöver ist), anstatt auf das eigentliche Ausbeuten durch den Trickser.

### Isolieren

Die Isolation des Opfers erleichtert es dem Trickser, seine Kontrolle auszuüben. Und sie garantiert ihm, sein Image aufrechtzuerhalten, da niemand sonst sein 'wahres Gesicht' sieht.
Ein Trickser isoliert sein Opfer, indem er langsam und (für das Laienauge) unauffällig dessen soziales Netzwerk untergräbt. In kleinen Schritten wird das Opfer von Freunden und Familie abgekoppelt.

Jedes Mittel ist dem Trickser recht: Erst einmal wird er das Opfer emotional und zeitlich maximal in Beschlag nehmen. Sollte er es nicht schaffen, das Umfeld des Opfers zu manipulieren, wird er entweder versuchen, die wichtigsten Personen nach allen Regeln der Kunst beim Opfer zu verunglimpfen oder diese als zu langweilig, dumm, unwürdig ... zu deklarieren und darauf zu bestehen, dass sich das Opfer entscheidet: die oder ich, Freizeit oder Job, Kollegialität oder Karriere ...

Siehe auch unter Manöver: Mikado

### Instrumentalisieren

Jetzt endlich ist es so weit — der Trickser hat alle Vorbereitung zum maximalen 'Ausbluten' des Opfers erfolgreich abgeschlossen. Jetzt ist das Opfer verwirrt und damit schwach, es ist infoziert und damit dumm, es ist isoliert und damit allein. Jetzt hat er das Opfer da, wo er es haben wollte, jetzt wird es (und all seine Assets) (aus-)geschlachtet.

Spätestens hier wird deutlich, dass der Trickser die sprichwörtliche Heuschrecke ist und es von Anfang an um den Ausverkauf der (emotionalen, sozialen und monetären) Besitztümer des Opfers ging.

Das Opfer soll nun tun, was der Trickser will. Es ist nun nur noch eine Marionette, ein Bauer im Spiel, der nach Belieben hin und her geschoben wird, die (vor allem schmutzige) Arbeit verrichtet und dem Trickser dient. Was auch immer der Trickser heute, morgen, übermorgen für Zwecke haben mag, er wird das Opfer vor seinen Karren spannen.

Damit der Trickser möglichst 'nachhaltig' schmarotzen kann, wird er das Opfer im Status der Unterwerfung halten. Bei der perversen Strategie wird das Opfer nicht sofort vernichtet, sondern nach und nach unterworfen und zur Verfügung gehalten, um möglichst lange von ihm zu profitieren.

Selbst wenn das Umfeld schon längst bemerkt hat, was da abläuft, ist dem Opfer noch für lange Zeit nicht bewusst, was ihm geschieht. Es ist, als würde es im Glashaus sitzen, unerreichbar für den stabilisierenden und schützenden Einfluss seiner Freunde. Nun ist für den Trickser ein weiteres Ziel seines perversen Tuns erreicht. Er hat nicht nur das Opfer im Griff und nicht nur das Opfer leidet, sondern auch alle 'Zuschauer' dieses Dramas, die keinen Einfluss mehr nehmen können. Dies erlebt der perverse Trickser als den Gipfel des Triumphes.

# fair play

Wenn nichts mehr hilft, hilft man sich am Besten selbst.

Der erste Schritt besteht darin zu erkennen, dass Win-win nur Theorie ist, wenn der andere nicht mitmacht. Manchmal will der andere einfach nur gewinnen – gegen Sie. Dann helfen nur noch Klarheit und Konsequenz. In solchen Fällen muss rasch und nachdrücklich gehandelt werden. Abwarten hat erfahrungsgemäß wenig Sinn, sondern führt nur zur Verschärfung der Situation, die in der Regel zulasten des Opfers geht. Was ist konkret zu tun?

Fair play gelingt Ihnen mit den 3 K der Führung. Das sind nicht Kinder, Kirche, Küche, sondern **Klarheit**, **Kompetenz** und **Konsequenz**!

Für Klarheit und Kompetenz haben wir in der Theorie schon in den voranstehenden Kapiteln einiges getan. Nun ist es an Ihnen, dies auch konsequent umzusetzen.

Die erste Regel des Fair Play lautet: **Selbstschutz**!

## (Selbst-)Schutz

Der erste und wichtigste Schutz ist die Erkenntnis. Es ist Zeit, der Tatsache ins Auge zu blicken, die Stunde ist gekommen, in der man sich mit dem konfrontieren muss, was eigentlich geschieht, und die behelfsmäßigen Leugnungen der Wirklichkeit aufzugeben.

In einer Negativbeziehung verhält sich das Opfer so, als würde es sich nur um das traurige Vorspiel einer erfüllenden Zeit | Phase | Beziehung handeln. Doch diese Hoffnung auf das Kommende ist eine Illusion. Wenn auch Sehnsucht nach einer positiven Beziehung und einem respektvollen Umgang berechtigt ist, so müssen Sie erkennen, dass Sie genau damit manipuliert werden. Öffnen Sie die Augen für die Realität.

**Entscheiden Sie sich** Geben Sie dem Trickser alles, was er verlangt, und verlieren Sie dabei sich selbst – oder handeln Sie!

Leben Sie Ihr Leben jetzt, nicht in (Tag-)Träumen. Leben Sie Ihr Leben jetzt, statt es in der Hoffnung auf ein zukünftiges Wohl zu führen.

Um die (Ihre) Macht über sich selbst wieder zurückzuerlangen, müssen Sie sich Ihr eigenständiges Denken bewahren oder (schnellstens) wiedererlangen. Das bedeutet: Raus aus der Situation (mindestens geistig, bestmöglich auch körperlich), raus aus dem Bezugsrahmen des Tricksers und wieder rein in den gesunden Menschenverstand. Es ist sehr wichtig, dass Sie die Käseglocke abstreifen und wieder den Kontakt zur Außenwelt herstellen — finden Sie zu Ihrer Heimatbasis zurück.

Um den Prozess mitzugestalten, ist es wichtig, ihn zu verlangsamen. Also: Bremse rein, Tempo raus! Grenzen Sie sich ab und schaffen Sie nach sorgfältiger Überlegung Tatsachen (statt Fragen zu stellen).

Sollten Sie noch unsicher sein, dann beherzigen Sie bitte, dass man | frau Trickser nicht automatisch erkennen kann. Denn in den oberen Ligen kann man nur erfolgreich tricksen, wenn man nicht aussieht wie ein Trickser. Es ist nur logisch, dass man oft erst zu spät (wenn es nämlich schon passiert ist) merkt, dass man gelinkt wurde. Je mehr Sie also glauben, Trickser durchschauen zu können, desto weniger werden Sie auf Amateure reinfallen (na, herzlichen Glückwunsch), um so mehr aber werden die Profis unter den Tricksern Gefallen daran finden, es Ihnen zu zeigen (na, prost Mahlzeit). Also: Niemand ist gegen Trickser gefeit. Es ist nicht Ihre Schande, wenn Sie auf einen Trickser hereinfallen.

**Tipp** Je stärker der Trickser verbal ist, desto wichtiger ist es, dass Sie sich seinem verbalen Zugriff entziehen und selbst möglichst wenig sagen.

## Konfrontation

Die Konfrontation mit einem Trickser setzt voraus, dass Sie sich selbst mit der Situation konfrontiert haben — mit dem, was da tatsächlich stattfindet. Erst dann gehen Sie auf den Trickser zu. Sie gehen aber definitiv nicht auf den Trickser los, denn Sie können nie wissen, wie viel Macht Sie tatsächlich haben. Darum werden Sie mit einem klaren Kopf und einer guten Strategie in die Konfrontation gehen.

**Vorsicht** vor Appeasementpolitik! Die bringt Sie nicht weiter. Denn der Trickser hat ohnehin wenig (bis keinen) Respekt vor Ihnen. Wenn Sie nun glauben, durch Sympathie und Nettigkeiten, wie gute und kollegiale Gespräche, könnten Sie wieder eine gemeinsame Grundlage herstellen, dann irren Sie sich. Sympathie geht nicht ohne Respekt. Es darf in Ihrer Strategie nicht darum gehen, dass der andere Sie mag und womöglich lieb hat, sondern dass der andere Sie respektiert. Wenn Sie zu weich sind, sich wie ein Kuchenteig in das Förmchen seiner Vorgaben fügen, wird der Trickser nur Verachtung für Sie übrig haben. Noch einmal zum Merken: Respekt geht nicht ohne Kontur (stellen Sie sicher, dass Sie die Situation mindestens mitgestalten), und Sympathie geht nicht ohne Respekt. Wer in Harmoniesucht alles mitmacht, ist nur eine Spielfigur.

### Umgang mit Tricksern nach den Härtegraden

**1. Härtegrad** Dem ersten Härtegrad können und sollten Sie durchaus mit Bordmitteln (Konfrontations- und Klärungsgesprächen) begegnen.

**Wichtig** Verschleppen Sie das Problem nicht, sonst chronifiziert es sich.

**2. Härtegrad** Holen Sie sich Unterstützung (mindestens aus Ihrem Netzwerk, bestmöglich aus der Profiliga)!

**Wichtig** Die Anforderungen der Situation nicht zu unterschätzen und die eigenen Abgrenzungs- und Selbstbehauptungsfähigkeiten nicht zu überschätzen.

Der Selbstschutz gehört hier an erste Stelle!

**3. Härtegrad** Nicht lange fackeln: auf zum Experten!

**Wichtig** Hier brauchen Sie absolute Profis — und zwar mehrere: Juristen, Therapeuten, Coaches, Profiler ... Anfänger wären Ihr Untergang! (Prüfen Sie, ob Sie sich beim Experten gut aufgehoben, ob Sie sich verstanden fühlen, ob derjenige die Brisanz Ihrer Situation erfasst und ob er kraftvoll interveniert.)

Der Selbstschutz und die Regeneration gehören an erste Stelle!

## Einschätzung des Härtegrades

Sie sind nicht sicher, ob das, was Sie da zu Hause oder am Arbeitsplatz erleben, nur ein schärferer Wind ist oder tatsächlich Manipulation, Manöver oder Machtspiel?

Wenn Sie sich schon fragen ob, dann fragen Sie sich auch gleich, welches Manöver, welches Machtspiel Sie wahrnehmen. Erinnern Sie sich: je subtiler, desto effektiver!

Gehen Sie so an dieses Phänomen heran: Kann ich mit den so genannten schlechten Seiten leben?

Sie kennen doch den Spruch: Wenn Ihnen etwas nicht gefällt, dann haben Sie drei Möglichkeiten: change it, leave it or love it. Da es niemals zur Debatte stehen kann, unlautere Machenschaften zu mögen (love it), bleiben Ihnen zwei gangbare Wege, bei denen Sie sich auch morgens noch im Spiegel anschauen können:

1. Sie klären die Beziehung; sprich: Der Trickser wird nachweislich und dauerhaft friedlich Ihnen gegenüber!
2. Sie lösen die Beziehung; sprich: Sie und der Trickser gehen getrennte Wege!

Prüfen Sie realistisch

1. In welchem Machtspiel, Manöver oder welcher Manipulationsvariante Sie sich befinden.
2. In welchem Härtegrad Sie sich befinden (oft braucht es hier ein Feedback von außen, denn Opfer reden sich gern ein, dass alles gar nicht so schlimm ist — Ausnahmen sind hier die Drama-Opfer, die übertreiben alles auf theatralischem Niveau).

**Achtung** Sie brauchen Feedback von Leuten, die **a)** einen kühlen und klaren Kopf haben und **b)** sich mit Machtspielen etc. auskennen und somit einschätzen können, was Ihnen da widerfährt.

Wer sollte sich damit als Experte auskennen? Psychologen, Juristen, Fraud Manager, (psychologisch sehr gut ausgebildete) Coaches ...

Sollten Sie sich in der Situation befinden, dass Sie das Gefühl haben, es finde ein Manöver eines höheren Härtegrades statt, aber all Ihre 'Berater' beschwichtigen Sie und meinen, dass Sie übertreiben (also spinnen), habe ich hier den ultimativen Test für Sie:

Haben Sie immer — in jeder Situation — mit jeder Person — zu jeder Zeit — an jedem Ort — exakt dieses Gefühl, manipuliert oder (aus-)manövriert zu werden?

Klares Ja? Dann auf zum Therapeuten, Sie sind paranoid, und das sollten Sie behandeln lassen.

Klares **Nein**? Auf zum Fraud Manager, Sie haben hier und jetzt in Ihrem Leben ein so großes Problem, dass Sie es allein kaum bewältigen können, da niemand Sie versteht und unterstützt. In solchen Situationen hilft nur noch ein Fachmensch, der Ihnen klare Rückmeldung geben kann, in welchen Punkten Sie die richtige Intuition haben und wann | wo | wie sie vielleicht doch ein bisschen übertreiben.

### Sie sind Zeuge?

Wenn Sie nicht betroffen, sondern Zeuge sind, dann ist es Ihre menschliche Pflicht einzugreifen. Hier werden Sie nicht den Täter angreifen, sonst sind Sie unversehens Opfer zweier Täter: des ursprünglichen Täters und im Schulterschluss auch des eigentlichen Opfers, dass noch nicht begriffen hat, dass Sie Hilfe statt Hetze darstellen.

Nein, Ihre Aufgabe besteht darin, dass Opfer aus der Situation herauszunehmen. Sofern Sie es mit Volljährigen zu tun haben, werden Sie sich darauf beschränken müssen, sich lediglich anzubieten.

**Wichtig** Sie selbst müssen Nerven beweisen, indem Sie ruhig bleiben, vorsichtig ansprechen, was Sie wahrnehmen, und aussprechen, dass das Opfer sich gern hilfesuchend an Sie wenden darf.

Was Sie bitte unterlassen, ist, dass Sie das Opfer unter Druck setzen, sich von dem Täter zu lösen. Das führt nur dazu, dass das Opfer nun zwei Tätern ausweichen muss. Sie sind dann keine Hilfe, sondern eine weitere Bedrohung und spielen damit ungewollt dem Täter in die Hände. Also: Nerven behalten, ruhig bleiben, die Situation analysieren, ganz sanft auf die verletzte Person zugehen und die Hand reichen. Immer wieder.

Ausnahme: Sie sind Erziehungsberechtigter (damit sind automatisch auch alle Führungskräfte gemeint) und bemerken solches Verhalten in Ihrem Umfeld — dann ist es Ihre Pflicht (schon allein im Rahmen Ihrer Fürsorgepflicht), konsequent einzugreifen: Täter zurückpfeifen, konsequent sanktionieren und Opfer schützen! Wenn Sie nicht wissen, wie man das macht, wie Sie es schaffen, sich das zu trauen ... dann wird es für Sie höchste Zeit für ein Führungstraining.

## Immunität

Eine für das Überleben (und auch für das gute Leben) entscheidende Fähigkeit ist, Freund von Feind unterscheiden zu können.

Einen unsichtbaren Feind kann man nicht bekämpfen, einem unsichtbaren Muster ist man ausgeliefert. Besser man sieht, auch wenn die Erkenntnis nicht angenehm ist.

## Information statt Illusion

Information — echte Information — ist Ihr Heilmittel gegen Unsicherheit und Fehlentscheidungen.

### Informieren Sie sich über Trickser

Gegen die dunkle Kunst der Manipulation kann man sich nur wehren, wenn man wirklich gut versteht, wie Trickser operieren (und nur dann kann man ihnen aus dem Weg gehen).

Informieren Sie sich so gut wie möglich über Trickser, deren Tricks und Verhaltensmuster (blicken Sie hinter die Maske der Normalität). Die Entscheidung, auf Abstand zu gehen, wird Ihnen leichter fallen, wenn Sie wissen, wie man die wahren Motive der Trickser erkennen und deuten kann.

**Achtung** Eine Schwalbe macht noch keinen Sommer! Ein oder zwei Merkmale entlarven noch keinen hauptberuflichen perversen Trickser. Nur wirklich geballt vorliegende Merkmale reichen für eine Diagnose 'MeisterManipulator'.

Informieren Sie sich darüber, wie Trickser agieren. Lernen Sie zu unterscheiden zwischen Posern und Performern: Was ist nur Schein und was ist Sein, was ist Silhouette und was ist Substanz? Wie viel bleibt, wenn man etwas entschlossener an der Oberfläche kratzt?

Informieren Sie sich darüber, welche Sorten Trickser es gibt und mit welchem Sie es momentan wohl zu tun haben (könnten).

### Informieren Sie sich über sich selbst

Als Profiler werde ich immer wieder aufgefordert: „Nennen Sie mir all meine Stärken. Meine Schwächen will ich gar nicht wissen." Und genau das ist der Fehler. Eine Ihrer Stärken sollte sein, dass Sie nüchterne Klarheit über Ihre Schwächen und Schwachpunkte haben, denn dann wissen Sie, wo man Sie manipulieren kann.

Ein Trickser manipuliert Sie an Ihren Abhängigkeiten, Anfälligkeiten und Schwächen. Er ist nicht auf Ihr Selbstbild aus, sondern auf Ihr Wunschbild von sich selbst, um Ihnen das zu spiegeln: „Spieglein, Spieglein an der Wand, wer ist der größte Trottel im Land?" Der Trickser drückt Ihre wunden Punkte, um Sie zu lenken, und lockt Sie mit Ihren eigenen Idealisierungen ins Niemandsland.

Stellen Sie sich Ihren Problemen, sonst werden sie Sie stellen (gern in Person eines Tricksers)!

**Erkennen Sie Ihre empfindlichen und schwachen Punkte**

Empfindliche und schwache Punkte sind ja an sich schon unangenehm. Zusätzlich können sie Ihnen dadurch gefährlich werden, dass sie bei Ihnen (wie bei jedem) automatisch eine emotionale Reaktion auslösen.

Sobald der Trickser einen empfindlichen Punkt 'drückt' oder bedient, wird Ihre Aufmerksamkeit von wichtig(er)en Dingen abgelenkt. Es ist das Prinzip Lockvogel (der Lüge). Und da es rein emotional und wie automatisch abläuft, sind Sie verhältnismäßig chancenlos, wenn Sie sich Ihrer empfindlichen Punkte nicht bewusst sind.

Ein Trickser konzentriert sich darauf, Ihre empfindlichen Punkte herauszufinden. Dann testet er, wie und wie gut er diese für seine Zwecke nutzbar machen kann. Um es auf den Punkt zu bringen: Der Trickser ermittelt den Schaltplan zu Ihrer Psyche. Ihre empfindlichen Punkte sind die Knöpfe auf der Fernbedienung. Und indem er diese Knöpfe drückt (Ihre empfindlichen Punkte antippt), macht er sich die Reflexhaftigkeit Ihrer Reaktion zunutze. Er versetzt Sie in Stimmungen, verführt Sie zu Entscheidungen und verleitet Sie zu Handlungen — um seine Interessen zu verwirklichen und seine Pläne voranzutreiben.

So viel wie möglich über Ihre empfindlichen Punkte herauszufinden ist eine der wichtigsten Verteidigungsmaßnahmen dagegen, dass Trickser Sie gewissenlos ausnutzen. Natürlich ist es viel einfacher, sich dieser Punkte bewusst zu werden, als sie unter Kontrolle zu bekommen. Doch der erste Schritt ist eine Aufstellung der Parade Ihrer Hemmschuhe.

Als Anhaltspunkt hier die häufigsten Punkte: Fehler | Mängel | Ängste, wie auch immer Sie sie nennen wollen:

1. **Was ist an Ihnen verkehrt?**

Aus Ihren fixen Verkehrtheitsideen schlägt der Trickser Kapital. Er wird Ihnen suggerieren, dass er Sie so akzeptiert, wie Sie sind, mitsamt allen Fehlern, die Sie zu haben glauben. Was für eine beruhigende Botschaft!?! Sie ist die Grundlage für die psychopathische Bindung.

Wollen Sie sich erfolgreich gegen psychopathische Manipulation wehren, müssen Sie ein realistisches Bild von Ihren Fehlern haben!

2. **Was vermissen Sie in Ihrem Leben?**

Wenn wir uns nach Dingen sehnen, an denen es uns (scheinbar) mangelt, sind wir manipulierbar. Wir strecken unsere 'hungrigen Ärmchen' dem entgegen, der sie uns anbietet. Damit sind wir verwundbar: psychisch, mental, geistig, emotional und auch körperlich. Je mehr Mangel Sie (glauben zu) leiden, desto leichtere Beute sind Sie für einen Trickser!

ACHTUNG Das Versprechen, Ihnen das zu geben, wonach Sie sich sehnen — ohne die Absicht, das jemals zu tun —, ist eine verbreitete Technik, die auch bei Schneeballsystemen benutzt wird.

### 3. Wovor haben Sie Angst?

Vertraulichkeit, Einsamkeit, dem Alter ... Finden Sie es heraus. Und dann finden Sie heraus, wie verwundbar Sie durch diese Ängste sind, und entwickeln Sie Abwehrstrategien und einen Verteidigungsplan.

## Überprüfen Sie Ihr Arsenal an SelbstBeschwichtigungsMechanismen

Das geht vorbei ... ist nur eine Phase ... ... kann ja mal vorkommen ... Sie können das schon mal verstehen ... Sie sind ja selbst auch nicht immer einfach ... Cosi fan tutte? Das macht doch jeder? Ich denke nicht so!

Prüfen Sie, wie Sie sich selbst Ihre Intuition und Ihren gesunden Menschenverstand ausreden, und dann hören Sie sofort damit auf. Ihre Energie investieren Sie viel besser in echte Lösungen für Ihr Leben: Wer kann wie helfen? Wer ist wirklich auf meiner Seite? Wer versteht, was da passiert? Wer kann mir guten Rat geben? Wer gibt mir Rückenstärkung? Wer bietet mir Deckung? ...

## Informieren Sie sich über Ihren potenziellen Nutzen für Trickser

Sich zurückzulehnen und zu glauben: „Ich bin nur eine kleine Leuchte im Universum, mir passiert nichts“, ist naiv. Für einen findigen MeisterManipulator hat jede Person irgendeinen Nutzen. Welcher kann dies bei Ihnen sein? Was macht Sie als 'Wirt‘ attraktiv für einen Schmarotzer? Erinnern Sie sich, das Nutznießen der Trickser rangiert von einem kostenlosen Mittagessen bis zur Weltherrschaft.

Prüfen Sie Ihren potenziellen Nutzen für einen Trickser

- Sind Sie ein Entscheider?
  Sind Sie derjenige, der Entscheidungen trifft? Muss man an Ihnen vorbei? Sind bestimmte Dinge ohne Sie bzw. ohne Ihre Zustimmung nicht möglich?

- Sind Sie an der Macht?
  Verfügen Sie über Macht? Können Sie Dinge und Karrieren bewirken?

- Sind Sie ein Schmuckstück?
  Sind Sie jemand mit Status? Von Adel? Schön, oder sonstwie attraktiv? Ein VIP? Kann man sich mit Ihnen schmücken?

- Sind Sie ein Informationsknotenpunkt?
  Kennen Sie Gott und die Welt? Verfügen Sie über ein weit gefächertes soziales Netzwerk, das für einen Trickser interessant sein kann? Sind Sie in der IT-Abteilung, im Sekretariat ...? Gehen über Ihren Tisch, durch Ihre Hände viele interessante Informationen ...?

Denken Sie dabei nicht in Ihrem Wertesystem, sondern versuchen Sie in der rein auf Status und Nutzen ausgerichteten Denkweise des Tricksers zu bleiben.

## Soziales Netzwerk

Beziehungen schaden nur dem, der sie nicht hat!

Sie brauchen Kontakte, Kontakte, Kontakte. Ihre Kontakte sind Ihr Vitamin B. Schaffen Sie sich ein weit verzweigtes, großes soziales Netzwerk. Es schützt Sie als Auffangnetz vor dem freien Fall in die Hände des Tricksers. Ihr soziales Netzwerk ist Schutz, Vergleichsmaßstab zur Selbsteinschätzung und Einschätzung des Verhaltens anderer (besonders der Trickser), menschlicher und fachlicher Rat und Beistand. Hören Sie auf Ihre Freunde!

In vielen Ratgebern wird Ihnen empfohlen, die Probleme innerhalb eines Kontaktes oder einer Beziehung anzusprechen. Dies ist grundsätzlich richtig, wenn Sie es mit verantwortungsvollen Menschen zu tun haben. Trickser, vor allem dann, wenn diese in den oberen Härtegraden spielen, sind zu beherrschend, zu pervers, um eine offene, echte Kommunikation zu riskieren. Probleme sprechen Sie daher in erster Linie mit Ihren echten Freunden, Beratern ... an. Trickser sind nur im ersten Härtegrad relevante Kommunikationspartner. Sofern ein Trickser einen höheren Härtegrad spielt, wird nicht mehr kommuniziert — denn seine Kommunikation dient zur Desinformation. Alles, was Sie mit einem solchen Trickser tun, ist, ihn vor Tatsachen und Konsequenzen zu stellen, aber erst, wenn Sie Ihre 'Schäflein im Trockenen' haben. Sie sollen dem Trickser weder zuspielen noch ihn warnen, sondern sich selbst schützen!

Im zweiten und dritten Härtegrad geht es nicht mehr um ein Miteinander, sondern um Abgrenzung und Selbstschutz. Solche Dinge werden nicht diskutiert, sondern durchgezogen.

Sie gehören eher in die Kategorie 'Bambi' und wollen niemandem wehtun? Dann suchen Sie sich jemanden, der bereit ist, dies für Sie zu tun: Achtung, nicht im Drama-Dreieck turnen, sondern einen klaren Kopf bewahren.

## Autonomie

Bewahren Sie sich Ihre Unabhängigkeit oder stellen Sie sie schnellstmöglich wieder her.

In jeder Beziehung gilt es, unbedingt auf Autonomie zu bestehen: monetär, sozial und emotional. Ihre Autonomie wird es Trickseren erheblich erschweren, mit ihren Manipulationen zu punkten. Und echte, ehrliche Beziehungspartner werden Ihre Autonomie sehr attraktiv finden, denn sie wissen, dass Sie dann nicht aus Abhängigkeit an Beziehung interessiert sind, sondern aus echtem Interesse an der Person.

Zur Autonomie gehört in jedem Fall auch unabhängiges Denken. Bewahren Sie sich Ihren gesunden Menschenverstand, bleiben Sie wach und begegnen Sie Schmeicheleien mit gesunder Skepsis, seien Sie vor Rührseligkeiten auf der Hut. Stellen Sie Autorität infrage und bauen Sie Alternativen frühzeitig auf — bevor Sie sie brauchen und damit Sie sie nicht brauchen.

## Kluge Entscheidungen

Für kluge Entscheidungen gibt es Grundsätze:

- Keine Entscheidungen unter Druck (ob zeitlicher, emotionaler oder sonstiger Druck).
  Solange Sie nicht am offenen Herzen operieren, haben Ihre Entscheidungen immer die Zeit, die Sie brauchen, um erst einmal wieder einen klaren Kopf zu bekommen, sich innerlich zu distanzieren, evtl. bei Freunden Tipps einzuholen und sich in Ruhe darüber klar zu werden, was Sie eigentlich wollen.

- Keine einsamen Entscheidungen
  Besonders dann nicht, wenn diese Entscheidungen von großer Tragweite sind, beispielsweise größere finanzielle Entscheidungen, durch die Sie sich (und sei es nur für einen kurzen Zeitraum) abhängig machen, größere Wechsel (Arbeitsplatz, Lebensumgebung ...).

- Meilensteine abstecken
  Klären Sie, was Sie für sich und Ihr Leben wollen. Denn setzen Sie Meilensteine: was ist mein Optimum (mein Traum) und was ist mein Minimum (ab hier wird beziehungsbezogen das Singleleben attraktiv, ab hier wird berufsbezogen Hartz IV attraktiv ...). Und zwischen diesen beiden Meilensteinen setzen Sie einen sehr wichtigen dritten Meilenstein, Ihren Turn-away-Punkt. Hier beginnt die Knautschzone (vom Turn-away bis zum Minimum), für den (Un-)Fall, dass Sie es mit einem Trickser zu tun haben und etwas Zeit und Luft brauchen, um sich angemessen zu wehren. Reagieren Sie nämlich erst beim Minimum, wird der Trickser Sie zu sehr schwächen können. Haben Sie nie ein Minimum festgelegt, werden Sie gar nicht merken, wie sehr Ihnen der Trickser Ihr Territorium abgräbt.

- Klarheit in Absprachen
  Die beste Prophylaxe gegen Manipulationen und Machtspiele sind klare Absprachen und Verträge, Konsequenz in der Einhaltung und offene Kommunikation, sprich: Transparenz.

**Entscheidungstipp** Für alle Bambis mit Sprachfehler, die nicht „Nein!“ sagen können, das 11. Gebot: keine Entscheidungen oder Zusagen unter 24 Stunden und unter 2 Sparringpartnern!

## Die Gretchenfrage

Warum? Warum? Warum? Das ist die große Frage, auf der jedes Opfer unendlich herumkaut. Und doch bringt diese Frage den Trickser weiter als das Opfer, denn solange das Opfer noch rätselt warum, wieso und weshalb, kann der Trickser weiter ausbeuten.

Es ist gar nicht gut, wenn Sie sich und Ihr Handeln davon abhängig machen, den Trickser zu verstehen. Manche Trickser sind so pervers, dass es nicht zu verstehen ist.

Ein Tipp: Sie müssen nicht warten, bis Sie sich die Psyche des Tricksers oder die eigene vollends erschlossen haben, um diesem Treiben Einhalt zu gebieten. Machen Sie es einfach schon, sagen Sie „Stop!“ und verlegen Sie die Selbstschau auf einen späteren (entspannteren) Zeitpunkt. Meist ist das dann auch gar nicht mehr nötig.

Stellen wir also die große Warum-Frage um: Warum lassen Sie das eigentlich mit sich machen? So kommen wir weiter. Sie fragen ab jetzt bitte nicht mehr: „Warum macht er | sie | es das?“ Stellen Sie sich vor den Spiegel und fragen Sie sich: **„Warum lasse ich das eigentlich immer noch mit mir machen?“** Hier liegt die Antwort, hier liegt die Lösung — bei Ihnen.

Sie wissen immer noch nicht so recht? Also gut, Ihre letzte Chance zur Einsicht für heute:

Hand auf's Herz, haben Sie ein Kind? Wenn nicht, macht es nichts, stellen Sie es sich einfach vor. Stellen Sie sich vor, Sie sind Vater oder Mutter eines wirklich liebenswerten und furchtbar süßen kleinen Kindes. Sohn oder Tochter. Suchen Sie es sich aus.

Nun frage ich Sie: Würden Sie es zulassen, dass jemand Ihren kleinen Schatz so behandelt, wie Sie sich behandeln lassen? Nein?! Natürlich nicht?!

Dann verstehe ich nicht, warum Sie für sich selbst nicht ebenso viel Liebe und Verantwortung aufbringen wie für Ihr Kind.

Nun, wie wäre es? Wollen Sie jetzt endlich damit anfangen?

Gut! Erster Schritt: das System verstehen.
Zweiter Schritt: raus aus dem System!

Den Trickser zu verstehen ist dabei nicht wichtig.
Wichtig ist zu verstehen, wann Ihnen jemand nicht guttut.

## Die 7 Säulen der Macht

sind Ihr Schutzschild gegen Krisen, Manipulationen und Machtspiele.

Der Volksmund sagt: „In der Liebe und im Krieg ist alles erlaubt." Und im Business hat man diese Haltung schon vor langer Zeit entdeckt: Manipulationen werden als Kommunikationstechniken salonfähig und Machtspiele sind nur ein Kavaliersdelikt. Doch Sie müssen sich dieser ethischen Degeneration weder anschließen noch davon kleinkriegen lassen. Denn mit den 7 Säulen der Macht navigieren Sie sicher durch unzivilisiertes Gebiet:

1. **Standfestigkeit** | Unerschütterlichkeit in schwierigen Situationen
2. **Leidenschaft** | Lust auf Leistung
3. **Selbst-Kontrolle** | sich selbst im Griff haben, Personen und Situationen entschärfen
4. **Liebe** | mit Wohlwollen und Wertschätzung im Kontakt
5. **Kommunikation** | in jeder Lage die richtigen Worte finden
6. **Wissen** | was Sie und Ihr Umfeld weiterbringt
7. **Ethik** | mit Stil und Würde durch den (Berufs-)Alltag

Das Fundament Ihrer Persönlichkeit ruht auf diesen 7 Säulen. Sind sie | Sie nicht im Gleichgewicht, wird das Gebäude der Psyche erschüttert. Eine Schieflage entsteht. Und viele versuchen dann, über Tricks und Kontrollmanöver alles wieder ins rechte Lot zu bringen. Je größer die Schieflage, desto größer der Kampf um Kontrolle. Der Boden bebt, und so manche Persönlichkeit wird erschüttert, so manches Image zerbricht, so mancher Mensch geht unter.

Echte Macht bedeutet, sein ureigenstes Potenzial zu nutzen – alle 7 Säulen der Macht zu entwickeln, um produktive Veränderung zu schaffen. Das fördert positive Macht, Ihr persönliches Wachstum und das Ihres Umfeldes.

Die **erste Säule** der Macht ist die Säule der Standfestigkeit. In der Standfestigkeit entwickeln Sie das Vermögen, mit beiden Beinen auf dem Boden der Tatsachen zu stehen, und das auf allen drei Ebenen: geistig, emotional und körperlich. Standfestigkeit bedeutet, fest und sicher auf den eigenen Füßen zu stehen. Sie sind sich Ihres Standortes, Ihrer Fähigkeiten und vor allem Ihres Wertes sicher und lassen sich nicht in einen Minderstatus drängen.

Im nächsten Schritt, in der **zweiten Säule**, kommen Sie in Bewegung. Sie entwickeln die Fähigkeit, mit den eigenen Standpunkten flexibel umzugehen, ohne sich dabei zu widersprechen oder Ihre Position zu verlieren. Das ist das Machtpotenzial der Säule der **LEIDENSCHAFT**. Leidenschaft ist nur förderlich, wenn Ihre Standfestigkeit stabil entwickelt ist. Sind Sie noch schwankend, wird die Leidenschaft keine Erweiterung Ihrer Möglichkeiten sein, sondern lediglich für Unruhe sorgen. Sie bewegen sich, ohne zu wissen, woher Sie kommen, wohin Sie wollen, wofür Sie stehen. Wenn Sie nicht wissen, von wo Sie losgehen und wo Sie ankommen, verirren Sie sich bald im Wald der Möglichkeiten! Sie werden zum Spielball anderer, die ihre Tricks an Ihnen ausagieren. Ist Ihre Standfestigkeit aber stabil entwickelt, so kann Sie nichts mehr beleben als die Macht der Leidenschaft. Sie ist Ihr Mo(tiva)tor.

Mit der Leidenschaft haben Sie Schwung entwickelt, mit der **dritten Säule**, der Säule der **SELBST-KONTROLLE**, werden Sie diese Bewegung koordinieren. Selbst-Kontrolle: körperliche und seelische, gibt Ihnen Macht über sich selbst. Sie ist besonders dann wichtig, wenn sie in Form von Selbstdisziplin Ängste und Wünsche reguliert. Lebenswichtig kann sie dann werden, wenn die Ereignisse um Sie herum eskalieren und Ihre Existenz bedrohen. Sowohl Ihre potenziell grenzenlose Entwicklungsfähigkeit als auch Ihre selbst auferlegten Beschränkungen ergeben sich hier. Nur wenn Sie Ihre Ängste und Machtansprüche überwinden, können Sie anderen Menschen ihre freie Entfaltung lassen.

Zuerst sind Sie einfach nur da (Standfestigkeit), dann kommen Sie in Bewegung (Leidenschaft), und in der dritten Säule kontrollieren Sie diese Bewegung (Selbst-Kontrolle). Diese ersten drei Säulen dienen dazu, sich innerpsychisch darauf vorzubereiten, mit dem Umfeld in Kontakt zu treten. Erst wenn Sie es vermögen, sich selbst zu beherrschen, wenden Sie sich Ihrem Umfeld zu. In der **vierten Säule**, der Säule der **LIEBE**, befinden Sie sich an der Schnittstelle nach außen. Nun profitieren Sie von Ihrer inneren Entwicklung. Mit Wertschätzung und Wohlwollen sind Sie im Kontakt. Das beinhaltet die Liebe zu Ihrer Individualität (Sie akzeptieren sich mit Ihren Ecken und Kanten, Vorzügen und Fehlern), zur Loyalität (Loyalität fällt leicht, wenn Sie Ihre gesunde Rolle im Leben Ihrer Mitmenschen erkennen) und zur Wahrheitstreue (ohne Aufrichtigkeit kann Liebe zu sich selbst und zu anderen nicht gedeihen). Nur wenn Sie sich selbst akzeptieren, können Sie Ihren Mitmenschen entspannt und wohlwollend begegnen.

Ist bis hierhin alles gut etabliert, möchten Sie nun von anderen lernen. Sie möchten sich mitteilen über die Dinge, die Sie bewegen (Leidenschaft), für die Sie stehen (Standfestigkeit), die Sie hemmen (Selbst-Kontrolle) und vorantreiben (Liebe).

In der **fünften Säule** der Macht, der Säule der **KOMMUNIKATION**, teilen Sie Ihre Haltung mit anderen. Sie sind nun wortwörtlich interaktiv, tauschen sich aus und entwickeln sich weiter. Diese Säule sensibilisiert Sie und öffnet Ihre Sinne. Sie erfahren die Umwelt und lernen die Menschen kennen. Stärken Sie Ihre Intuition und spüren Sie, mit wem Sie es zu tun haben. Lassen Sie auch die anderen daran teilhaben, wer und was Sie sind. Das ist Kommunikation.

**Wissen** ist Macht, die **sechste Säule** der Macht! Wenn Sie die richtigen Informationen haben, können Sie Ereignisse in Gang bringen oder aber verhindern. Ihr Wissen führt Sie durch den Dschungel des Lebens. Laut Faustregel sind 85% allen Fehlverhaltens mangelnde Information! Wissen ist nicht einfach nur Information – es tritt in viererlei Gestalt auf: Wissenschaft (sammelt Informationen methodisch und sortiert sie in Fachbereiche; einzelne Themen werden mit der wissenschaftlichen Kamera abgelichtet und in Alben sorgfältig verwahrt – zum Nachschlagen bereit), Intuition (das so genannte Bauchgefühl ist ein wirksamer Leitfaden auf dem Weg zur Wahrheit; man begreift den Lauf der Dinge und hat untrügliche Vermutungen), Weisheit (entsteht durch das Lernen aus Erfahrungen, den eigenen oder denen anderer; so kann man anhand vergangener Ereignisse treffsichere Prognosen über die Zukunft machen) und visionäres Wissen (Visionen zeigen Ihnen Ihren ganz persönlichen Weg im Leben). Stehen alle vier Formen des Wissens gleich berechtigt nebeneinander, werden Bewusstes und Unbewusstes in einer fruchtbaren Wechselwirkung zusammen arbeiten. Sie werden unbewusste Wahrnehmungen effektiv umsetzen können und kein verdrängter Persönlichkeitsaspekt torpediert Ihre Handlungen. Dies ist das Geheimnis des 'zur rechten Zeit das Richtige tun'.

Ihr Wissen nicht kontrollierend, sondern fördernd einzusetzen ist eine Frage der **Ethik**. In dieser **siebten Säule** geht es darum, dass Sie sich in Ihrem Alltag sprichwörtlich anständig verhalten. Was nun anständig oder angemessen ist, ergibt sich aus der Verantwortung, die Sie gegenüber Ihrem Umfeld haben. Ethik stellt Ihnen einen Maßstab für Ihr tägliches Handeln zur Verfügung. Sie gibt Ihnen Halt in unsicheren Zeiten, in Krisen und unvorhersehbaren Situationen. Sie stabilisiert Sie ähnlich wie die Standfestigkeit. So können Sie den Dingen Ihren Lauf lassen, ohne sich aufzuregen oder über Gebühr einzumischen. Die Säule der Ethik verschafft Ihnen Ruhe inmitten erschütternder Ereignisse. Sie sehen klar, was um Sie herum vorgeht, ohne von anderen manipuliert zu werden. Sie erreichen mit dieser Qualität von Macht eine Immunität gegen Hackordnungen und Intrigen. Ethik ist Ihr Schutzschild gegen Manipulationen und Machtspiele.

Die Säule der Ethik wird als letzte Säule entwickelt. Es wäre schön, Ethik als erste Qualität aufzubauen, doch ohne Standfestigkeit neigt man sich schnell wie ein Wetterfähnchen und ohne Leidenschaft fehlt die Kraft, Ethik über Hürden hinweg aufrechtzuerhalten. Es kann auch nicht darum gehen, sich nur nach moralischen Maßstäben zu verhalten, ohne die Anforderungen der Situation (Selbst-Kontrolle) und die Bedürfnisse der Menschen (Liebe) im Blick zu haben. Zudem muss viel Wissen etabliert sein, um eine eigene Ethik zu formulieren und dann auch intuitiv angemessen einzusetzen (Kommunikation).

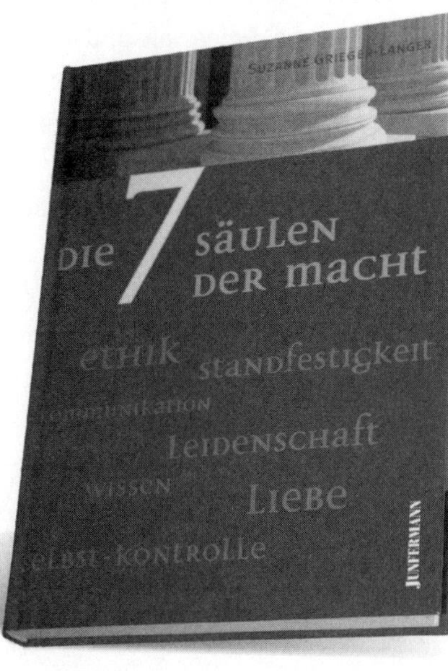


Die Selbstachtung, die Sie sich mit Ihren 7 Säulen aufbauen, führt zur persönlichen Autonomie und kann Ihnen nie entrissen werden.

# quellen

## Autorin

Suzanne Grieger-Langer ist **ManagementCoach** und **Profiler** — verdeckter Profiler.

Diesen Beruf verbindet man mit der Kriminalistik; doch ihre Kompetenzen sind vor allem in Wirtschaft und Politik gefragt. Eingesetzt wird sie im Bereich des Recruitment und der Potenzialerkennung und -optimierung, in der Verhandlungsgestaltung und im Fraud Management (Betrugsaufdeckung).

Aufgabe der Profilerin ist es, geeignete Kandidaten für die Besetzung hoch dotierter Posten zu durchleuchten, Potenziale von Mitarbeitern zu erkennen, die Motivationen und Vorlieben von Verhandlungspartnern zu entschlüsseln und Betrüger aufzuspüren.

Die Spannweite der Diplom-Pädagogin umfasst langjährige Erfahrung als Führungstrainerin, Kompetenz als Profiler und so manch therapeutische Ausbildung. Es war und ist ihr Optimierungsbestreben (vom Miteinander im Berufsalltag bis hin zur individuellen Karrieregestaltung), das Grieger-Langer zum Profiling führte. Anhand wissenschaftlicher Methoden analysiert sie Eignungen, Potenziale und Motivationen. Aus Informationsbruchteilen ist sie mit ihrem Team in der Lage, ganze Charakterprofile auf dem Niveau des psychogentischen Codes zu erstellen – um Schwächen zu mindern, Stärken zu erweitern und das individuelle Potenzial zu nutzen.

In ihrem ersten Buch **'Die 7 Säulen der Macht'** beschreibt sie den verantwortungsvollen Umgang mit Macht.

Suzanne Grieger-Langer ist spezialisiert auf die Themen: Profiling, Führung und den mehr oder minder gelungenen Umgang mit Macht – all das fließt in ihre Arbeit als Autorin, Speaker, Coach, Trainer und Profiler mit ein.

Seit 1993 entwickelt sie Führungskräfte zu Führungspersönlichkeiten. Seit 2000 auch als **Lehrbeauftragte** für die Themen 'Führung & Organisation' an den Fachhochschulen Bielefeld und Osnabrück. Sie ist Dozentin an der Frankfurt School of Finance & Management und weiteren Hochschulen, wie der Wirtschaftsuniversität Wien.

## LITERATUR ETC.


Amado, M. 2008. Mr. BINK — Vom Traummann zum Albtraum. München: riva.

Attneave, C. L., & Speck, R. 1975. Det sociala nätverket. Stockholm: W & W.

Babiak, P., & Hare, R. D. 2007. Menschenschinder oder Manager — Psychopathen bei der Arbeit. München: Carl-Hanser Verlag.

Balling, R. 1989. Manipulation, Motipulation, Motivation. Oder: „Wie kriege ich Deine Arbeitskraft?“ Zeitschrift für Transaktionsanalyse, 2-3: 109-119.

Bannenberg, B. 2007. Korruption in Deutschland — Bestandsaufnahme 2007: Kriminologische Erkenntnisse und Forschungsdefizite, Vorlesung. Universität Bielefeld: Universität Bielefeld.

Bannenberg, B., & Rössner, D. 2005. Kriminalität in Deutschland. München: Verlag C. H. Beck.

Behary, W. 2009. Der 'Feind' an Ihrer Seite — Wie Sie im Umgang mit Egozentrikern überleben und wachsen können. Paderborn: Junfermann.

Bender, R., & Nack, A. 1995. Tatsachenfeststellung vor Gericht. Band I — Glaubwürdigkeits- und Beweislehre. München: Beck.

Berckhan, B. 2009a. Jetzt reicht's mir! Wie Sie austeilen und einstecken können. München: Kösel.

Berckhan, B. 2009b. Judo mit Worten — Wie Sie gelassen Kontra geben. München: Kösel.

Berne, E. 1970. Sex in Human Lovin. New York: Simon & Schuster.

Berne, E. 1972. What do you say after you say hello? The psychology of human destiny. New York: Grove Press.

Berne, E. 1976. Beyond games and scripts (1st ed.). New York: Grove Press : distributed by Random House.

Berne, E. 1978. Beyond games and scripts: with selections from his major writings (1st Evergreen ed.). New York: Grove Press.

Berne, E. 2004. Games people play: the psychology of human relationships. New York: Ballantine Books.

Bock, P. 2009. 100 Fragen Ihr Leben betreffend. München: Knaur.

Boesler, B. 1998. Ein ganz gewöhnlicher Tag, Frankfurter Rundschau, Vol. 09/98. Frankfurt a.M.: Druck- und Verlagshaus Frankfurt am Main.

Boetsch, T. 2008. Psychopathie und antisoziale Persönlichkeitsstörung. Ideengeschichtliche Entwicklung der Konzepte in der deutschen und angloamerikanischen Psychiatrie und ihr Bezug zu modernen Diagnosesystemen. Saarbrücken: VDM.

Bruce, T. T., & G., E. R. 1978. Verfälschung von Strokes. Neues aus der Transaktionsanalyse, 2: 28.

Buchholz, M. B. 1988. Macht im Team – intim. Praxis Kinderpsychologie & Kinderpsychiatrie, 37: 281-290.

Burkhard, K. 1991. Ethik in Wirtschaftsorganisationen. Zeitschrift für Transaktionsanalyse, 4: 160-162.

Byron, K., & Mitchell, S. 2002. Lieben was ist — Wie vier Fragen Ihr Leben verändern können. München: Arkana.

Cameron-Bandler, L., & Lebeau, M. 1988. The Emotional Hostage – Rescuing your Emotional Life. Moab USA: Real People Press.

Carré, J. l. 2010. Single & Single. Berlin: List.

Cialdini, R. B. 2009. Die Psychologie des Überzeugens. Ein Lehrbuch für alle, die ihren Mitmenschen und sich selbst auf die Schliche kommen wollen. Bern: Huber.

Cicero, A., & Kuderna, J. 2001. Clevere Antworten auf dumme Sprüche — Killerphrasen kunstvoll kontern. Paderborn: Junfermann.

Cooper, T., & Kahler, T. 1978. Ein Acht-Punkte-System zur Klassifizierung von Strokes und Abwertungen. Neues aus der Transaktionsanalyse, 2: 29-30.

Covington, S., & Beckett, L. 1993. Immer wieder glaubst du, es ist Liebe. Wege aus der Beziehungssucht. München: Knaur.

Dammann, G. 2007. Narzissten, Egomanen, Psychopathen in der Führungsetage. Fallbeispiele und Lösungs wege für ein wirksames Management. Bern: Haupt.

Dehner, R., & Dehner, U. 2007. Schluss mit diesen Spielchen! — Manipulationen im Alltag erkennen und wirksam dagegen vorgehen. Frankfurt am Main: Campus.

DePaulo, B. M. 1994. Spotting lies: Can humans learn to do better? Current Directions in Psychological Science, 3(3): 83-86.

Di Pasquale, R. 2008. Die Macht der Manipulation — Eine Reise zum Gipfel der Mächtigen. Basel: Tatort Verlag.

Dickie, J. 2010. Cosa Nostra — Die Geschichte der Mafia. Frankfurt am Main: Fischer.

Ekmann, P. 1989. Weshalb Lügen kurze Beine haben. Berlin: De Gruyter.

Ekmann, P. 1992. Telling lies. New York: Norton.

Emmerich, R. 2009. 2012: Columbia Pictures.

English, F., & Paula, M. 1992. Es ging doch gut, was ging denn schief? Beziehungen in Partnerschaft, Familie und Beruf. München: Kaiser.

English, F., & Paula, M. 1994. Transaktionsanalyse: Gefühle und Ersatzgefühle in Beziehungen. Salzhausen: iskopress.

English, F., Wonneberger, K.-D., & Hagehülsmann, H. 1992. Wenn Verzweiflung zu Gewalt wird . . .: Gewalttaten und ihre verborgenen Ursachen. Paderborn: Junfermann.

Ernst, K. 1972. Games students play (and what to do about them). Berkeley CA, USA: Celestial Arts.

Erskine, R. G. 1989. Erkennung und Heilung erpresserischer Suche nach Zuwendung. Zeitschrift für Transaktionsanalyse, 1-2: 29-60.

Erskine, R. G. 1995. Scham und Selbstgerechtigkeit: Transaktionsanalytische Sichtweisen und klinische Interventionen. Zeitschrift für Transaktionsanalyse, 1-2: 29-60.

Erskine, R. G. 2002. Relational Needs. EATA Newsletter, 73: 5-9.

Erskine, R. G., & Texley, R. F. 1975. An Action Structure for feeling fine faster. Transactional Analysis Journal, 5: 187.

Fisher, R., Ury, W., & Patton, B. 2000. Das Harvard-Konzept: Sachgerecht verhandeln – erfolgreich verhandeln. Frankfurt am Main: Campus.

French, J. R. P., & Raven, B. H. 1959. The bases of social power. In C. D. (Ed.), Studies in Social Power. Ann Arbor: University of Michigan Press.

Frese, U. 2002. Kopfbewohner oder wer bestimmt unser Denken? Zeitschrift für Transaktionsanalyse, 4: 312-313.

Gamm, F. 2009. Verhandlungen beginnt man im Kopf — Erfolgreich kommunizieren mit Neuro-Strategien. München: Redline.

Goulding, M. M. 1988. 'Kopfbewohner' oder: Wer bestimmt Dein Denken? – Wie Du die Feindschaft gegen Dich selbst mit Spaß und Leichtigkeit in Freundschaft verwandelst. Paderborn: Junfermann.

Goulding, M. M., & Goulding, R. L. 1997. Changing lives through redecision therapy (Rev. ed.). New York: Grove Press.

Greene, R. 2007. Die 24 Gesetzte der Verführung. München: dtv.

Greene, R. 2008. Power — die 48 Gesetze der Macht. München: dtv.

Grieger-Langer, S. 2009. Die 7 Säulen der Macht (2 ed.). Paderborn: Junfermann.

Grieger-Langer, S. 2011. Prävention im Personalmanagement. In H.-W. Jackmuth, C. de Lamboy, & P. Zawilla (Eds.), Fraud Management: Der Mensch als Schlüsselfaktor gegen Wirtschaftskriminalität. Frankfurt am Main: Frankfurt School Verlag.

Grimm, J., & Grimm, W. 2000. Grimms Märchen. Gesamtausgabe. Eggolsheim-Bammersdorf: Dörfler.

Gröben, T. 2010. Interview: Betrug in der Gesellschaft. In S. Grieger-Langer (Ed.). Münster: Hochschule der Polizei Münster.

Grönemeyer, H. 2008. Deine Liebe klebt. In H. Grönemeyer (Ed.), Was muss muss — Best of Herbert Grönemeyer: EMI Music Germany GmbH & Co. KG.

Gührs, M., & Nowak, C. 2002. Das konstuktive Gespräch. Ein Leitfaden für Beratung, Unterricht und Mitarbeiterführung mit Konzepten der Transaktionsanalyse. Meezen: Verlag Christa Limmer.

Gührs, M., & Nowak, C. 2003. Training Gesprächsführung. Trainingshandbuch zur konstruktiven Gesprächsführung. 101 Übungen mit Anleitungen, Handouts und Theorie-Inputs. Meezen: Verlag Christa Limmer.

Hadnagy, C. 2011. Social Engineering — The Art of Human Hacking. Indianapolis, USA: Wiley Publishing.

Hare, R. D. 2005. Gewissenlos — die Psychopathen unter uns. Wien: Springer-Verlag.

Hay, L. L. 2000. Heile Deinen Körper A-Z: Seelisch-geistige Gründe für körperliche Krankheiten. Freiburg im Breisgau: Lüchow.

Hermanutz, M., & Litzcke, S. M. (Eds.). 2006. Vernehmung in Theorie und Praxis: Wahrheit, Irrtum, Lüge. Stuttgart: Boorberg.

Hermanutz, M., Litzcke, S. M., Kroll, O., & Adler, F. 2008. Polizeiliche Vernehmung und Glaubhaftigkeit. Stuttgart: Boorberg.

Hirigoyen, M.-F. 2007. Mobbing — Wenn der Job zur Hölle wird: Seelische Gewalt am Arbeitsplatz und wie man sich dagegen wehrt. München: dtv.

Hirigoyen, M.-F. 2008a. Solotanz — Anleitung zum Alleinsein: Glück und Unglück einer neuen Lebensform. München: Beck.

Hirigoyen, M.-F. 2008b. Warum tust Du mir das an? — Gewalt in Partnerschaften. München: dtv.

Hirigoyen, M.-F. 2009. Die Masken der Niedertracht (M. Marx, Trans.) (9 ed.). München: dtv Deutscher Taschenbuch Verlag.

Huber, M., & Frei, P. C. 2009. Von der Dunkelheit zum Licht — Wie Persönlichkeit sich entwickeln kann. Paderborn: Junfermann.

Huhn, A. A. 2008. Das Alphahuhn — Andere hacken, ohne selbst gehackt zu werden. o.A.: Buch & Media GmbH.

Huxley, A. 2009. Schöne neue Welt. Frankfurt a.M.: Fischer.

Jellouschek, H. 1991. Im Irrgarten der Liebe — Dreiecksbeziehungen und andere Paarkonflikte. Zürich: Kreuz.

Jellouschek, H. 2006. Warum hast du mir das angetan? — Untreue als Chance. München: Piper.

Johns, H. D. 1974. Three Pots of Anger. Transactional Analysis Journal, 4: 18-22.

Jorgensen, E. W., & Jorgensen, H. I. 1984. Eric Berne, master gamesman : a transactional biography (1st hardcover ed.). New York: Grove Press.

Jung, C. G. 2003. Archetypen. München: dtv.

Karpman, S. 1968. Fairy tales and script analysis. Transactional Analysis Boulletin, 7: 39-53.

Kingston, K. 2001. Feng Shui gegen das Gerümpel im Alltag. Reinbek bei Hamburg: Rowohlt.

Kleemann, J. 1979. Spielfreie Wirtschaft: Über Verkaufen und Kaufen hinaus. Neues aus der Transaktionsanalyse, 3: 126-130.

Kofman, F. 2006. Conscious Business — How to Build Value through Values. Boulder CO, USA: Sounds True.

Kouwenhoven, M., Kiltz, R. R., & Elbing, U. 2002. Schwere Persönlichkeitsstörungen: Transaktionsanalytische Behandlung nach dem Cathexis-Ansatz. Wien: Springer.

Krausz, R. R. 1989. Macht und Führung in Organisationen. Zeitschrift für Transaktionsanalyse, 2-3: 92-108.

Kreyenberg, J. 1997. Überlegungen zum Nutzen der Konzepte 'Passivität und Symbiose' in der Unternehmensentwicklung. Zeitschrift für Transaktionsanalyse, 3: 98-117.

Kreyenberg, J. 1999. Machtspiele im Betrieb. Zeitschrift für Transaktionsanalyse, 4: 185-199.

Kreyenberg, J. 2002. Macht und Machiavelli. Zeitschrift für Transaktionsanalyse, 1: 64-73.

Lifton, R. J. 1962. Thougt Reform — A Psychiatry Study of 'Brainwashing' in China. London: Gollancz.

Long, J., Pinzon, S., & Mitnick, K. D. 2008. No Tech Hacking — A Guide to Social Engineering, Dumpster Diving, and Shoulder Surfing. Burlington MA, USA: Syngress Publishing.

Loomis, M. 1982. Contracting for change. Transactional Analysis Journal, 12: 51-55.

Macioszek, H.-G. 2003. Chruschtschows dritter Schuh — Anregungen für geschäftliche Verhandlungen. Hamburg: Ulysses Verlag.

McClure Goulding, M., & Goulding, R. L. 1992. Neuentscheidung — Ein Modell der Psychotherapie. Stuttgart: Klett-Cotta.

McKenna, J. 1978. Stroke-Profil — Anwendung auf die Skriptanalyse. Neues aus der Transaktionsanalyse, 2: 31-34.

Mellor, K., & Schiff, E. 1977. Redefinieren – Umdeuten. Neues aus der Transaktionsanalyse, 3: 140-149.

Mellor, K. S., Eric. 1977. Missachten (Abwerten, discount). Neues aus der Transaktionsanalyse, 3: 133-139.

Mitnick, K., & Simon, W. 2006. Die Kunst der Täuschung — Risikofaktor Mensch. Heidelberg: mitp.

Mitnick, K., & Simon, W. 2008. Die Kunst des Einbruchs — Risikofaktor IT. Heidelberg: mitp.

Neumann, R., & Ross, A. 2007. Der Macht-Code: Spielregeln der Manipulation. München: Hanser.

Nick, D. 2008. Liebling, ich komm später. Das große Buch vom Seitensprung. Frankfurt am Main: Krüger.

Nolan, C. 2010. Inception: 2:28:05: Warner Bros. Entertainment Inc. and Legendary Pictures.

Nordhausen, F., & v. Billerbeck, L. 2008. Scientology — Wie der Sektenkonzern die Welt erobern will. Berlin: Ch. Links.

Oden, T. C. 1974. Game free; a guide to the meaning of intimacy ([1st ed.). New York,: Harper & Row.

Orwell, G. 2009. 1984. Berlin: Ullstein.

Postel, G. 2003. Doktorspiele. Geständnisse eines Hochstaplers. München: Goldmann.

Prior, M. 2007. MiniMax-Interventionen: 15 minimale Interventionen mit maximaler Wirkung. Heidelberg: Carl-Auer.

Prior, M. 2008. Beratung und Therapie optimal vorbereiten — Informationen und Interventionen vor dem ersten Gespräch. Heidelberg: Carl Auer Verlag.

Prost, W. 2009. Manipulation und Überzeugungskunst — Wie Sie andere gewinnen und sich vor Fremdsteuerung schützen. Wiesbaden: Gabler.

Rupertini, A. 1978. Cycles of becoming, the planetary pattern of growth. Transactional Analysis Journal, 8: 117-118.

Saviano, R. 2009a. Gomorrha - Reise in das Reich der Camorra. München: dtv.

Saviano, R. 2009b. Gomorrha — Reise in das Reich der Camorra. München: dtv.

Schibalski, B. 1991. Verträge – Kläranlage der Kommunikation. Zeitschrift für Transaktionsanalyse, 1: 37-45.

Schlegel, L. 1990. Missachtung und Ausblendung (auch: Abwertung; engl.: Discounting). Zeitschrift für Transaktionsanalyse, 1: 23-31.

Schlegel, L. 1993. Handwörterbuch der Transaktionsanalyse. Sämtliche Begriffe der TA praxisnah erklärt. Freiburg i.B.: Herder.

Schlegel, L. 1995. Die Transaktionale Analyse. Stuttgart: UTB.

Schlink, B. 2009. Der Vorleser. Zürich: Diogenes.

Schmid, B. 1991. Auf der Suche nach der verlorenen Würde. Kritische Argumente zur Ethik und zur Professionalität in Organisationen. Wiesloch: Institutsschriften des Institutes für Systemische Beratung.

Schmid, J. 2000. Lügen im Alltag - Zustandekommen und Bewertung kommunikativer Täuschung. Münster: LIT-Verlag.

Schmitt, T. E., Michael. 2009. Status Spiele - Wie ich in jeder Situation die Oberhand behalte. Frankfurt am Main: Scherz Verlag.

Schneider, J. 1987. Zuwendungsprofil: Eine Erweiterung des Stroke-Profils von McKenna. Zeitschrift für Transaktionsanalyse, 2: 90-94.

Schopenhauer, A. 2007. Parerga und Paralipomena I/1: Kleinere philosophische Schriften. Zürich: Diogenes.

Schranner, M. 2009a. Teure Fehler - die 7 größten Irrtümer in Verhandlungen. München: Econ.

Schranner, M. 2009b. Verhandeln im Grenzbereich - Strategien und Taktiken für schwierige Fälle. München: Econ.

Schuster, K. 2009. 11 Managementsünden, die Sie vermeiden sollten — Wie Führungskräfte sich um Karriere, Verstand, Ehepartner und Spaß bringen. München: redline.

Seifert, A. (Ed.). 1996. Ethik in Beziehungen. Frankfurt am Main: Henrich Verlag.

Steiner, C. 1974. Games alcoholics play: the analysis of life scripts. New York: Ballantine Books.

Steiner, C. 1978. Die Stroke-Ökonomie. Neues aus der Transaktionsanalyse, 2: 15-20.

Steiner, C. 1981. The other side of power. New York: Grove Press.

Steiner, C. 1984a. Emotional Literacy. Transactional Analysis Journal, 14: 162-173.

Steiner, C. 1984b. Emotional Literacy Training: The Application of Transactional Analysis to the Study of Emotions. Transactional Analysis Journal, 26: 31-39.

Steiner, C. 1987. The seven sources of power: an alternative to authority. Transactional Analysis Journal, 17: 102-104.

Steiner, C. 1997. Achieving Emotional Literacy. New York: Avon Books.

Steiner, C. 1998a. Emotionale Kompetenz. Bielefeld.

Steiner, C. 1998b. Macht ohne Ausbeutung — Zur Ökologie zwischenmenschlicher Beziehungen. Paderborn: Junfermann.

Stewart, I., & Joines, V. 1993. Die Transaktionsanalyse. Eine Einführung in die TA. Freiburg i.B.: Herder.

Stout, M. 2006. Der Soziopath von Nebenan. Wien: Springer-Verlag.

Sunzi. 1999. Die Kunst des Krieges. München: Drömer.

Thaler Singer, M., & Lalich, J. 1997. Sekten — Wie Menschen ihre Freiheit verlieren und wiedergewinnen können. Heidelberg: Carl Auer.

Vanderburgh, J. 1979. Enttrüben von Konkurrenz. Neues aus der Transaktionsanalyse, 3: 158-162.

Vogler, C. 1992. The Writer's Journey. Mythic structure for storytellers and screenwriters. London: Pan Books.

Waiblinger, A. 1989. Neurosenlehre der Transaktionsanalyse. Berlin: Springer.

Watzlawick, P. 1983. Anleitung zum Unglücklichsein. München: Pieper.

Wendler, A., & Hoffmann, H. 2009. Technik und Taktik der Befragung im Gerichtsverfahren. Urteile begründen, Urteile prüfen. Lüge und Irrtum aufdecken. Stuttgart: Kohlhammer.

Whedon, J. 2005. Serenity — Flucht in neue Welten: Universal Studios.

Yogeshwar, R. 2004. Täuschen und Lügen. In R. Yogeshwar (Ed.), Quarks & Co: 21.00 - 21.45. Deutschland: WDR Fernsehen.

Suzanne Grieger-Langer

**Die Tricks der Trickser**

Immunität gegen Machenschaften, Manipulationen und Machtspiele